Michel RUQUET   Jean-Luc QUOY-BODIN

avec la collaboration de
Micheline CAYOL

COMMENT DIRE?

raisonner
à la française

Étude
des articulations logiques

Maquette et couverture : Claudine Pizon

© CLE INTERNATIONAL, 1988 ISBN 2-19-033825-5

Cet ouvrage s'adresse à tous ceux qui sont soucieux de s'exprimer avec plus de rigueur et de clarté.

Il se donne comme but de conduire l'utilisateur vers la maîtrise de son argumentation, à l'écrit comme à l'oral.

Vous trouverez donc ici, dans *Raisonner à la française,* une étude approfondie et systématique des moyens que le Français emploie pour bâtir son raisonnement, pour être mieux compris et pour mieux convaincre, suivant les circonstances.

Six grands chapitres sont proposés :
1 - Cause
2 - Conséquence
3 - But
4 - Condition - Hypothèse
5 - Comparaison
6 - Opposition - Concession

Dans chaque chapitre on passe en revue les moyens d'articulation appartenant à la *syntaxe :* conjonctions, prépositions et autres locutions; ainsi que ceux qui relèvent du *lexique :* noms, adjectifs..., expressions et proverbes.

Des indications sur les registres de langue sont mentionnées lorsque les formes proposées appartiennent plus particulièrement à l'un ou l'autre type de langue. On distingue ainsi, par les abréviations suivantes, le langage littéraire = L. litt., le langage soutenu = L.S., le langage parlé = L.P., le langage familier = L.F., le langage populaire = L. Pop.

Ce manuel est accompagné de deux cahiers d'exercices autocorrectifs :
– Raisonner à la française Exercices 1 : Cause, Conséquence, But.
– Raisonner à la française Exercices 2 : Condition - Hypothèse - Comparaison et Opposition-Concession.

Un sommaire au début des chapitres, présente les correspondances entre les faits expliqués dans le manuel et les exercices d'application.

C A U S E

SYNTAXE

I - CONJONCTIONS

Sensibilisation : Cahier d'exercices 1 − Ex. 1

− Valeur générale
• Différenciation entre parce que/puisque/comme.
Utilisation : Cahier d'exercices 1 − Ex. 2

− Valeur nuancée
• Cause constatée :
étant donné que/.../vu que
• 2 causes possibles :
soit que..., soit que...
• Remise en question d'une cause sous prétexte que.
• Négation du rapport cause/conséquence :
ce n'est pas parce que... que...
Cahier d'exercices 1 − Ex. 3

• Mise à l'écart d'une cause :
ce n'est pas parce que... mais parce que...
Cahier d'exercices 1 − Ex. 5
ce n'est pas que... c'est que...
• Cause + argumentation :
car/en effet.
• Cause + intensité :
tellement/tant
Cahier d'exercices 1 − Ex. 4
d'autant plus que/.../surtout que.
• Cause + temps :
à présent que/.../dès lors que.

− Mise en valeur de la cause
Parce que/.../si..., c'est (parce) que...
Cahier d'exercices 1 − Ex. 5
Synthèse : Cahier d'exercices 1 − Ex. 6

II - PRÉPOSITIONS

Sensibilisation : Cahier d'exercices 1 − Ex. 7
+ Nom et avec déterminant :
• Différenciation entre :
à cause/grâce à/ avec.
• Cause constatée :
étant donné/.../à la lumière de
Cahier d'exercices 1 − Ex. 8
• Cause + influence :
sous + expressions.
Cahier d'exercices 1 − Ex. 9
• Différenciation entre :
à/pour/de.
Cahier d'exercices 1 − Ex. 10

+ Nom et sans déterminant
• Différenciation entre :
de/pour/par.
Cahier d'exercices 1 − Ex. 11
• Cause + intensité :
à force de/.../à défaut de.

+ Infinitif présent > habitude-continuité
à/.../sous couvert de,
         passé > action terminée
pour/.../de.
Synthèse : Cahier d'exercices 1 − Ex. 12

III - AUTRES MOYENS

- Ponctuation
- Proposition relative

Cahier d'exercices 1 — Ex. 13
- Participes
- Appositions

IV - COMMENT QUESTIONNER SUR LA CAUSE

- Langage courant.

Cahier d'exercices 1 — Ex. 14
- Circonstances précises.

LEXIQUE

I - NOMS

- A valeur générale : la cause...
  plus précise : la raison/le sujet...
Cahier d'exercices 1 — Ex. 15
- Points de départ : l'origine/le principe...
- Incitatifs à l'action : le motif/le mobile...

- Agents de la cause :
  Sens propre   : l'auteur/l'inventeur
Cahier d'exercices 1 — Ex. 16
  métaphorique : le père/l'artisan
                la source/la racine

II - VERBES/PARTICIPES/ADJECTIFS

- A valeur générale : être dû à
- + idée d'origine : provenir/résulter de...
- emplois précis : découler de... émaner de...
Cahier d'exercices 1 — Ex. 17

- Idée de responsabilité : ... être attribué à...
- Mise en valeur du lien cause/conséquence :
  = être consécutif à...

III - EXPRESSIONS ET PROVERBES

- **Synthèse :** Cahier d'exercices 1 — Ex. 18
Cahier d'exercices 1 — Ex. 19

Cahier d'exercices 1 — Ex. 20
Cahier d'exercices 1 — Ex. 21

Syntaxe

1) A VALEUR GÉNÉRALE ET D'UTILISATION COURANTE

Cause banale pour le locuteur

PARCE QUE

(après la principale ou en tête de phrase pour une réponse).

*« Je suis en retard **parce que** j'ai été pris dans les embouteillages. »*
– Pourquoi es-tu en retard?
– Parce que j'ai été pris dans les embouteillages.

Cause présentée comme évidente par le locuteur

PUISQUE

(après la principale).

*« Je ne pouvais pas y aller **puisque** je n'avais pas été invitée. »*

Cause connue de l'interlocuteur et soulignée par l'intonation

*« Il est normal que tu votes **puisque** tu es majeur. »*

L'accent est mis sur la cause

COMME

(en tête de phrase).

*« **Comme** je n'étais pas sûre de pouvoir me libérer, j'ai décliné l'invitation. »*

Cause généralement connue de tous

Comme c'est le 1er mai, toutes les banques sont fermées.

2) A VALEUR NUANCÉE

Une cause est reconnue (le locuteur rappelle un fait constaté)

ÉTANT DONNÉ QUE/ DU FAIT QUE

« *Étant donné que vous êtes célibataire, vous paierez plus d'impôts que marié.* »

ATTENDU QUE/ CONSIDÉRANT QUE

(réservés au registre
administratif et législatif).

Attendu que nul n'est censé ignorer la loi, tout citoyen est assujetti au droit commun.

VU QUE

(utilisé surtout dans
le langage populaire).

« *T'es pas un enfant perdu
T'es pas un enfant de salaud
Vu que t'es né dans ma tête
Et que tu vis dans ma peau.* »
　　(« Mon Pierrot » de Renaud)

Deux causes sont possibles

SOIT (PARCE) QUE SOIT QUE	+ indic.

Elle était de bonne humeur soit (parce) qu'elle avait bien dormi, soit qu'elle avait reçu des nouvelles de son fiancé.
Le Président ne renouvellera pas son mandat soit que, physiquement, il ne s'en sentira pas capable, soit que les sondages ne lui seront pas favorables.

Une cause est remise en question

SOUS PRÉTEXTE QUE

A 18 ans, il déclara vouloir quitter le toit familial sous prétexte qu'il était majeur; en réalité, c'est qu'il voulait vivre avec la jeune femme qu'il aimait.
« *Sous prétexte qu'il est patron, il se croit tout permis!* »

Négation du rapport cause (fait réel)/conséquence (possible)

CE N'EST PAS PARCE QUE ... QUE	+ indic...,

— *Il est quand même à l'Académie française!*
— *Et alors, ce n'est pas parce qu'il est académicien qu'il restera immortel!*
(= Il sera peut-être immortel, mais ce ne sera pas obligatoirement parce qu'il est à l'Académie.)

Cause écartée au profit d'une autre

CE N'EST PAS PARCE QUE NON PARCE QUE + indic. *..., ... MAIS (PARCE QUE)...

* Indic. : la cause écartée est un fait réel, mais la vraie cause est différente.

– *Il est généreux, c'est vrai ; mais il faut dire aussi qu'il est riche...*

– *Oh ! Ce n'est pas parce qu'il est riche qu'il est généreux, mais parce qu'il a bon cœur !*

« *J'aime le bon vin non parce que je suis français, mais (parce que) je suis un fin gourmet.* »

CE N'EST PAS QUE + subj.** ... C'EST QUE... NON QUE + subj.** ... MAIS PARCE QUE... (L.S.)

(en tête de phrase lors d'une réponse).

** Subj. : la cause écartée est *fausse*.
– *Il doit être riche pour dépenser tant !*

– *Non, ce n'est pas qu'il soit riche, c'est qu'il est généreux !*
(= Non, il n'est pas riche, mais il est généreux.)

« *Les Français n'osent plus l'aventure du 3ᵉ enfant non qu'ils soient devenus indifférents à la notion de grande famille, mais parce que les charges sociales s'avèrent trop lourdes.* »
(= Non, ils ne sont pas devenus indifférents, mais les charges sont trop lourdes.)

La cause écartée est un point de vue personnel

Il ne réussit pas : ce n'est pas qu'il soit bête, c'est qu'il est paresseux.

Cause + idée de démonstration ou d'argumentation

CAR

Variante de *parce que* et de *puisque* mais dans un *registre plus soutenu*

Le soleil avait dû s'abaisser car les parois de la gorge étaient devenues grises et seule une des lèvres de la roche qui nous surplombait, flambait encore. (J. Gracq.)

ponctue une argumentation

« *Je ne tournerai jamais un film avec Lelouch car un film de Lelouch, ce doit être avant tout un film de Lelouch. Car c'est lui la star.* » *(A. Delon.)*

sa brièveté lui donne plus d'*impact*

On juge exemplaire l'implantation d'un stimulateur cardiaque, car elle a sauvé des millions de personnes.

EN EFFET

(après la principale, précédé d'un point, d'un point-virgule ou d'un tiret).

Explicite immédiatement ce qui vient d'être énoncé.

L'année prochaine, l'entreprise connaîtra un profond changement. En effet, notre directeur général prendra sa retraite.

Jusqu'au XVIᵉ siècle, le latin était, en France, la langue officielle dans les actes administratifs ; en effet, ce n'est qu'à partir de 1539 que le roi décida que le français serait la langue officielle.

Cause + idée d'intensité

TELLEMENT/TANT

(pour un registre plus soutenu, placé après la principale)

= parce que + idée superlative (très − trop...).

*Il s'est endormi sur la table **tellement** il avait bu de vin.*
*C'est-à-dire : Il s'est endormi **parce qu'**il avait bu **trop** de vin.*
*Ils se réfugièrent dans une grotte **tant** l'orage était violent.*
*C'est-à-dire : Ils se réfugièrent **parce que** l'orage était **très** violent.*

D'AUTANT PLUS QUE
D'AUTANT MOINS QUE
D'AUTANT MIEUX QUE

Une cause *s'ajoute* à une autre cause.

*Les « Peintres pompiers » sont **d'autant moins** connus qu'ils sont contemporains des « Impressionnistes ».*

*C'est-à-dire : Les « Peintres pompiers » sont considérés comme médiocres. **En plus**, ils sont contemporains des très célèbres « Impressionnistes ».*
*Donc ils sont **encore moins** connus.*
*Il comprend **d'autant mieux** votre situation qu'il lui est arrivé la même chose.*
*C'est-à-dire : Il comprend **bien** votre situation.*
*Il la comprend **encore mieux parce qu'**il lui est arrivé la même chose.*

D'AUTANT QUE
SURTOUT QUE (L.F.)

(pour un registre plus familier).

Ces expressions peuvent se réduire à *d'autant que*
et *surtout que*

*Je suis surpris de ne pas le voir, **d'autant qu'**il m'avait confirmé sa visite, hier soir.*
*Je comprends pas, **surtout qu'**hier soir il m'avait dit qu'il venait !*

Cause + idée de temps : la cause est replacée dans le temps

À PRÉSENT QUE
MAINTENANT QUE

À présent que tu as une situation, il faut que tu voles de tes propres ailes.

apparaissent aujourd'hui comme des variantes possibles de « puisque »

DÈS L'INSTANT OÙ
DÈS LORS QUE

*Un contrôleur à un contrevenant : « **Dès l'instant où** vous aviez franchi cette limite, vous étiez passible d'une amende. »*

DU MOMENT QUE (L.F.)

(registre plutôt familier).

*Un père à son enfant : « **Du moment que** t'as fini tes devoirs, tu peux venir regarder la télé. »*

3) MISE EN VALEUR DE LA CAUSE

PARCE QUE

En tête de phrase

Hollywood vit en état de choc. **Parce qu**'une Star est atteinte du Sida, tout est mis en œuvre pour débloquer les consciences et les crédits pour la médecine. (Nouvel Observateur.)

Répété

« J'ai eu envie de te parler ce soir **parce que** je t'ai suivi de loin, d'heure en heure, **parce que** j'étais la force qui te pousse, **parce que** j'étais avec toi sur le bateau. » (J. Gracq.)

Réduit à c'est que en tête de phrase

Il s'agit de la contraction de *c'est parce que* :

Tous nos citoyens se privèrent très vite de l'habitude de supputer la durée de leur séparation. Pourquoi? **C'est qu**'il n'y avait pas de raison pour que la maladie ne durât pas plus de six mois et peut-être d'un an... »

(« La Peste », de A. Camus.)

Avec SI

— *Si* met en relief la conséquence et n'a pas la valeur de condition.
— Plusieurs variantes sont possibles :
a) *Si..., c'est (parce) que...*

Si ce restaurateur ne faisait pas payer plus cher, **c'est qu**'il trichait sur les taxes.

b) *Si..., ce n'est pas parce que + indic.*
... c'est parce que...
... mais (parce que)...

S'il ne fait pas de sport, **ce n'est pas parce qu**'il a un souffle au cœur, **mais** tout simplement (**parce qu'**)il a horreur de ça.
c) *Si..., ce n'est pas que + subj.*
... c'est que...

Si elle ne réussit pas, **ce n'est pas qu**'elle soit bête, **c'est qu**'elle est paresseuse !

PUISQUE POUR LA (SIMPLE ET) BONNE RAISON QUE

Puisque j'ai la chance de vous rencontrer ce soir, je vais enfin pouvoir aborder ce sujet avec vous.
— Pourquoi tu n'es pas entré à l'École navale?
— **Pour la simple et bonne raison que** je suis myope !

(toutes les deux employées pour la cause évidente).

> Quand se succèdent plusieurs causes, *que* est employé pour éviter la répétition des conjonctions :

*« Mon père et ma mère m'ont communiqué leur passion pour la musique **parce qu**'ils m'amenaient souvent à l'Opéra, **que** ma mère avait une jolie voix de soprano **et que** j'adorais l'écouter. » (Jean Ferrat.)*

*« J'ai refusé l'invitation **dès lors que** je jugeais ce déplacement inutile **et que** ma présence n'était pas indispensable. » (J. Ferrat.)*

II - PRÉPOSITIONS

1) + NOM, AVEC DÉTERMINANT

Principales locutions

À CAUSE DE

Employé dans n'importe quel contexte, n'a pas de nuance particulière.

*Je m'efforce de ne pas faire trop de bruit après six heures du soir **à cause des** voisins qui sont des personnes âgées.*

Mais, employé *en opposition à grâce à,* prend une *valeur défavorable.*

*Il a échoué à ce concours **à cause de** l'épreuve de mathématiques.*

GRÂCE À

(introduit une cause
à *effet favorable*).

*« **Grâce à** la compétence du docteur, mon fils a été sauvé. »*

AVEC

(l'idée de *moyen* se confond avec l'idée de *cause*).

Ce moyen causal est un objet, une personne, un événement.

Avec
À cause de } *son passeport périmé, il n'a pu passer la frontière.*

Avec
Grâce à } *lui, j'ai appris quantité de choses que j'ignorais.*

Avec le retour de la droite au pouvoir, des entreprises récemment nationalisées ont été à nouveau privatisées.

Cause constatée, fait reconnu

ÉTANT DONNÉ/DU FAIT DE	*« Étant donné votre culture, vous devriez connaître ce poète. »*

À LA LUMIÈRE DE (cause + idée d'expérience).	*À la lumière des plus récents sondages, il apparaît que ce sont les habitants du département des Yvelines qui battent le record de lecture pour la France.* *À la lumière de cette découverte, le physicien orienta ses recherches dans une nouvelle voie.*

ATTENDU/EU ÉGARD À (L.S.) **VU** (dans le registre administratif et juridique).	*Eu égard à son âge, le vieil homme sera relaxé.* *« Vu son âge, le vieux sera relâché. »*

Conséquence qui en découle

À LA SUITE DE
 	
(cause déjà connue ou inattendue).
	À la suite de la } *grève, une partie des ouvriers a été*
	        cette } *licenciée.*
	        leur

PAR SUITE DE (cause seulement inattendue).	*À la suite d'une* } *rupture de canalisation, l'eau sera cou-* *Par suite d'une* } *pée dans l'immeuble jusqu'à 16 h.*

Autres prépositions

SOUS
 	
(cause + idée d'influence).
	Sous l'influence de = dépendance à long terme.
	Sous l'influence de Raspoutine, la tzarine commit des erreurs irréparables.
	
	*Gérard de Nerval a écrit en grande partie **sous l'influence du** romantisme allemand.*
	
	Sous l'impulsion de leur chef...
	            des pistons...
	
	Sous la pression de ses amis...
	            de l'opinion...
	            de la vapeur...

Sous l'effet de = dépendance à court terme.

Sous l'effet de l'anesthésie, elle ne ressentait plus la douleur.

Sous l'action du gouvernement...
           d'un produit chimique...

*Sous le choc d'*un deuil...
           d'une dépression...

*Sous le coup d'*une nouvelle...
           de la colère...

À

(raccourci de *à cause de* dont il est une variante).

Généralement utilisé pour préciser une *apparence physique* ou *un comportement,* appartient aussi au *registre littéraire.*

À son air catastrophé, on a tout de suite compris qu'il avait une terrible nouvelle à nous dire.
Le pélican se différencie à sa façon d'emmagasiner dans son bec la nourriture pour ses petits.
« À une fraîcheur aux épaules, je sentais que le vent léger n'avait cessé de souffler. » (J. Gracq.)

POUR

Employé pour exprimer une appréciation portant sur des *qualités* ou des *défauts.*

*Ce chanteur a été **consacré** « homme de l'année » **pour son charme, pour son humour** et **son intelligence.***
*Le T.G.V. est très **apprécié pour son confort** et surtout **pour sa rapidité.***

Applaudi pour son courage	Dégradé pour sa lâcheté
Loué pour sa compétence	Licencié pour son incompétence
Élue pour sa beauté	Rejeté pour sa laideur
...	...

PAR
(+ inanimé)

Employé pour exprimer un sentiment ou un comportement personnel.

*« **Par** une timidité d'enfant trop sage, j'avais reculé devant les risques. » (J.-P. Sartre.)*

Par son amour	Par sa haine
Par sa gentillesse	Par une méchanceté rare
Par son orgueil	Par cette indifférence
Par ses scrupules	Par une folle insouciance
Par cette pudeur	...

Le choix des prépositions

Le choix des prépositions **de, par, pour** dépend du verbe ou de l'adjectif et le complément de cause a valeur générale.

DE

La cause est souvent *une émotion* ou un *état physique* ou *psychologique* déclenchant une réaction au sens propre ou au sens figuré.

Verbe + DE + Nom

Sens propre	*Sens figuré*
Blêmir de rage	Tomber de fatigue
Trembler de peur	Mourir de rire
Pâlir d'envie	Périr d'ennui
Sauter de joie	« Crever » de froid
Se cacher le visage de honte	
...	...

Adjectifs ou participes + DE + Nom

Sens propre	*Sens figuré*
Vert de jalousie	Ivre de colère
Rouge de confusion	Rayonnant de bonheur
Pâle de colère	Étonnant de verdeur
Blanc de peur	Éclatant de santé
Luisant de sueur	Puant d'orgueil
Maculé de sang	
Perclus de rhumatismes	
...	...

POUR

Employé dans le *registre juridique et administratif* après un verbe exprimant une sanction ou une reconnaissance ou une décision.

Congédié pour indélicatesse	Décoré pour services rendus
Condamné pour corruption	Récompensé pour acte d'héroïsme
Licencié pour motif économique	Promu pour esprit d'initiative
Emprisonné pour attentat à la pudeur	...

Attention :

Pour cause de (effet limité) :

Le magasin sera fermé demain pour cause d'inventaire, de décès.

Sur la N. 7, il est prévu une déviation pour cause de travaux.

Pour raison de (motif personnel) :
L'armée l'a réformé pour raison de santé.

En raison de (effet général) :
En raison des intempéries, le service aérien risque d'être perturbé.

PAR

Employé quand la cause est liée à...

Une réglementation

Le couvre-feu avait été instauré par mesure de sécurité.

Par mesure (de prudence)	*Par arrêté (de justice)*
Par ordre (du maire)	*Par décision (ministérielle)*
...	...

Un sentiment ou un comportement à caractère général

Par amour	*Par haine*
Par pudeur	*Par insouciance*

> Il arrive que le groupe nominal soit caractérisé par un adjectif qualificatif ou par une relative, l'article reprend alors sa place.

À la vue de ce monstre, elle se mit à trembler d'une peur irrépressible/de peur.
« Pour la compétence dont vous avez fait preuve, vous serez promue au rang de responsable en chef. »
Par superstition ⎫ *ma grand-mère se cloîtrait*
Par une superstition maladive ⎬ *chez elle le vendredi 13.*

Cause + idée de quantité

À FORCE DE

(continuité dans l'effort ou répétition).

Il parvient même à travailler dans le bruit à force de concentration.

FAUTE DE

(absence — carence).

Faute demédicaments appropriés, l'enfant est mort en quelques jours.

| PAR MANQUE DE | *Par manque de conscience professionnelle, il a commis des erreurs impardonnables.* |

(insuffisance).

| À DÉFAUT DE | *Bien! À défaut de café, je boirai un décaféiné.* |

(substitut − remplacement).

3) + INFINITIF : VERBE PRINCIPAL ET VERBE CAUSAL ONT LE MÊME SUJET

Infinitif présent : idée d'habitude

| À | *À manger comme ça, tu deviendras vite obèse. (L.F.)* *À fréquenter la haute société pendant des années, Proust a fini par en arracher tous les masques.* |

(toujours en tête de phrase, raccourci de *à force de*).

| À FORCE DE | *À force d'être méprisée, la petite dame avait répondu au dédain par l'indifférence.* |

(continuité dans l'effort à fournir ou répétition).

| SOUS PRÉTEXTE DE SOUS COULEUR DE SOUS COUVERT DE (L. Litt.) | *Sous prétexte d'aller chercher un paquet de cigarettes, il quitta sa famille pour toujours.* *« Mon frère cadet manifesta tout jeune un don pour l'hypocrisie. Sous couleur d'aider mon père à la pharmacie, il taxait à son profit, dentifrices ou produits de beauté. Aujourd'hui, il est notaire. » (Yann Keffelec.)* *Sous couvert de rendre service, il se mettait au courant des affaires de la vieille dame ; plus tard, il pourrait sans problème l'escroquer.* |

Infinitif passé : l'action a déjà été accomplie

| POUR | *Six personnes asphyxiées pour avoir omis de fermer un chauffe-eau.* |

| FAUTE DE | *Faute d'avoir reçu ton message, je n'ai pu aller te chercher à l'aéroport.* |

| DE | *Il était fier d'avoir pu surmonter son appréhension.* *Cet ancien terroriste s'est repenti d'avoir participé à de si nombreux attentats.* |

(lié à l'adjectif ou au verbe).

III - AUTRES MOYENS

Ponctuation (journalisme et littérature)

Il n'a pas entendu ses cris, il est sourd.

Margaret opérée du poumon : elle fumait trop. (France-Soir.)

Mère d'élève condamnée : elle avait giflé le professeur de son fils. (Fait divers.)

Relative entre virgules

L'enfant, qui souffrait d'une appendicite aiguë, a dû être opéré d'urgence.

Pierre, dont le père travaille à la préfecture de police, ne règle jamais ses contraventions.

Participes (littérature, administration, droit, style épistolaire)

« La cigale ayant chanté tout l'été
Se trouva fort dépourvue... »
(La Fontaine.)

Devant me rendre la semaine prochaine en province, je me propose de vous rendre visite.

En roulant à gauche, il a provoqué un accident.

Adjectif ou nom apposés

Jeune et dynamique, il possédait tous les atouts pour réussir.

Maire du village, il connaissait tous les habitants.

Ces diverses tournures peuvent se combiner en une seule et même phrase.

Licencié pour avoir commis une indélicatesse, son père, qui était en outre couvert de dettes, s'est suicidé, fou de désespoir.

IV - POUR POSER DES QUESTIONS SUR LA CAUSE

1) DANS LE LANGAGE COURANT

POURQUOI?

(renforcé par le discours indirect).

— *Je me demande bien **pourquoi** il l'a épousée !*
— *À cause de son argent, tiens !*

POUR QUELLE RAISON?

(demande d'explication, encore plus directe en fin de question).

*Le chef de service : « On ne vous a pas vu à la réunion du Comité d'entreprise, hier ! **Pour quelle raison ?** »*

À CAUSE DE QUOI?

(populaire).

— *On est resté bloqué une demi-heure dans le métro !...*
— *À cause de quoi ?*

2) DANS DES CIRCONSTANCES PRÉCISES

| COMMENT SE FAIT-IL QUE...? |
| COMMMENT ÇA SE FAIT QUE...? |
| + subj. |

(constat d'anomalie et demande d'explication).

« Tiens ! Comment $\begin{cases} \textit{se fait-il que} \\ \textit{ça se fait que... (L.F.)} \end{cases}$ $\begin{array}{l} \textit{mes lunettes ne} \\ \textit{soient plus à} \\ \textit{leur place ?} \end{array}$

EN QUEL HONNEUR?

(étonnement ironique = à cause de quoi? à cause de qui?).

*« Moi, j'irais lui présenter des excuses ? **En quel honneur ?** »*
*« **En quel honneur** tu t'es faite si belle ? »*

DE QUEL DROIT ? AU NOM DE QUOI ? À QUEL TITRE ? EN VERTU DE QUOI ? (vertu = pouvoir)

(lorsqu'un acte, un comportement sont considérés comme illégitimes et sans fondement).

De quel droit vous introduisez-vous chez moi sans mandat de perquisition ?

Au nom de quoi vous croyez-vous autorisé à me faire la morale ?

À quel titre s'arrogerait-il tous les pouvoirs ? C'est parfaitement illégal !

En vertu de quoi a-t-il décrété la réduction du personnel ?

QUE SIGNIFIE ?

(étonnement et surprise face à un événement inattendu).

Chahut dans une classe, irruption du directeur :
— « Que signifie ce tintamarre ? »

D'OÙ VIENT... ? À QUOI TIENT... ?

(recherche d'explication rationnelle).

Un patient :
— « Docteur, d'où vient mon allergie aux rayons solaires ? »
Question à un sociologue :
— « À quoi tient cette fascination de notre société pour la jeunesse, la richesse et la beauté ? »

À QUOI BON... ?

(= il ne sert à rien de...).

À quoi bon se casser la tête ? On ferait mieux de prendre une calculatrice pour résoudre cette opération.

Expressions figées :

— *Quel bon vent vous amène ? :* visite inattendue, qui crée un effet de surprise agréable.

— *Que me vaut l'honneur de votre visite ? :* plus officiel ou, à l'opposé, ironique.

— *Quelle mouche l'a piqué ? :* quand quelqu'un s'est mis en colère sans raison apparente.

Lexique

I - NOMS

1) À VALEUR GÉNÉRALE

LA CAUSE
LE POURQUOI
L'EXPLICATION (f)

*Sa maladresse a été **la cause** involontaire du carambolage.*
*Les enfants n'arrêtent pas d'interroger les parents sur **le pourquoi** et le comment des choses.*
*La terre est passée devant le soleil, voilà **l'explication** toute simple de cette éclipse de lune.*

2) À VALEUR PLUS PRÉCISE

LA RAISON (cause donnée en explication)
LE SUJET (matière de la cause)
L'OCCASION (f) (cause fortuite)
LE PRÉTEXTE (fausse raison)
(occasion)
LE FACTEUR (élément d'un ensemble de causes)

*Une dépression nerveuse, telle est la **raison** invoquée pour son suicide.*
*Il s'est suicidé **sans raison** apparente.*
*De tout temps, les Français ont su mettre en chansons **leurs sujets** de mécontentement.*

*« Je m'ennuyais à cette soirée. Et voilà qu'une invitée se trouve mal et qu'il faut la raccompagner : excellente **occasion** pour filer. »*

*« Il a refusé ton invitation parce qu'il devait aller à l'Opéra ! ...**Prétexte !** Car il déteste les ballets, je le sais. »*

*Le rapt d'Hélène fut un excellent **prétexte** pour les Grecs : ils déclarèrent la guerre à Troie.*
*Le don, le travail et la chance sont des **facteurs** déterminants de réussite.*

3) POINT DE DÉPART DE LA CAUSE

L'ORIGINE (f)
LE PRINCIPE
LE FONDEMENT (L.S.) (raison profonde et justifiée)

***L'origine** de la maladie de Parkinson est une dégénérescence du cerveau.*
Expressions : ***être à l'origine de/avoir pour origine.***
*Le véritable **principe** de l'existence reste inconnu de l'homme.*
*Une mauvaise interprétation de ses paroles se révéla être le **fondement** de l'animosité du groupe à son égard.*
*Vous portez des accusations **sans fondement**.*

4) CAUSE QUI INCITE À L'ACTION

LE MOTIF
(la raison d'agir)

LE MOBILE
(l'impulsion à l'action)

LA MOTIVATION
(s'emploie surtout au pluriel)
(raisons psychologiques
qui déterminent à l'action)

LE MOTEUR
(ce qui donne le mouvement
initial)

« Je vais tout de suite vous expliquer, Monsieur, *le motif* de ma démarche. »

La police a eu vite fait de découvrir **le mobile** du crime, c'était la passion.

La soif du pouvoir s'avère être souvent le premier **mobile** de tout politicien.

Aucun acte n'est sans **motivation**.

Avant de lancer son produit sur le marché, la Société a voulu savoir quelles étaient **les motivations** réelles chez les consommateurs.

L'étude des mythes a permis aux structuralistes de s'interroger sur **le moteur** de l'Histoire.

5) AGENTS DE LA CAUSE

Sens propre

L'AUTEUR

L'INVENTEUR
(techniques, méthodes...)

Le prix Nobel de médecine a été attribué en 1985 aux deux **auteurs** d'une importante découverte sur le cholestérol.

Daguerre a reconnu que Nicéphore Niepce était bien *l'inventeur* de la photographie.

LE CRÉATEUR
(créatrice)

LE FONDATEUR
(fondatrice)

Maurice Béjart s'est affirmé comme l'un des **créateurs** de la danse contemporaine et, en 1960, est devenu **le fondateur** du Ballet du XXe siècle.

LE CONCEPTEUR
(celui qui est chargé de trouver
des idées nouvelles : publicité,
mise en scène,
constructions...)

LE PROMOTEUR
(celui qui lance l'idée d'une
création, d'une réalisation...)

Georges Pompidou choisit Riccardo Boffil comme **concepteur** du Centre culturel à Beaubourg.

Henry Ford a été le **promoteur** de la fabrication des voitures en série.

LA MUSE
(inspiratrice)

L'ÉGÉRIE
(inspiratrice et conseillère)

Les plus grands films de Josef Von Sternberg s'avèrent être ceux où jouait Marlène Dietrich car elle était tout à la fois sa **muse** et son actrice.

Égérie de Richard Wagner, Mathilde Wezendonck lui a inspiré son opéra « Tristan et Iseult ».

L'INSPIRATEUR (inspiratrice) **L'INSTIGATEUR** (instigatrice) (sens souvent péjoratif)	*Montesquieu et Rousseau furent les **inspirateurs** de la déclaration des droits de l'homme.* *Il est probable que les **instigateurs** du coup d'État se sont réfugiés dans un pays étranger.*

Sens métaphorique

LE PÈRE **L'ARTISAN** (celui qui est à l'origine d'une réalisation constructive)	*Michel Debré est **le père** de la Constitution de la Ve République.* *Robert Schumann s'est révélé dans les années 50 comme **l'artisan** de la réconciliation franco-allemande.*

L'ÂME (f) (celui qui anime une action collective) **LE CERVEAU** (celui qui est à la tête d'une action organisée souvent condamnable)	*En l'an 450, sainte Geneviève fut **l'âme** de la résistance des habitants de Paris face à l'invasion des Huns.* *Il faut chercher **le cerveau** du dernier détournement d'avion dans les milieux terroristes internationaux.*

LA SOURCE **LA RACINE**	***Source** intarissable de connaissances, la lecture perd de plus en plus de terrain face aux nouveaux médias.* *La drogue sévissant de plus en plus, la brigade des stupéfiants s'efforce de rechercher les **racines** du mal.*

6) CAUSES DE DÉVELOPPEMENTS ET DE TRANSFORMATIONS

LA SEMENCE (L. Litt.) **LE GERME** (cause souvent défavorable) **LE FERMENT** (cause qui entraîne un changement intérieur)	*Les **semences** de la Révolution de 1789 ont été jetées dès le début du XVIIIe siècle.* *La hausse du pétrole est apparue comme **le germe** de la crise économique.* *Un héritage inattendu devint pour cette famille un **ferment** de discorde.*

II - VERBES, PARTICIPES, ADJECTIFS

1) À VALEUR GÉNÉRALE

> **ATTENTION !** Ces verbes employés à la forme passive ont une valeur causale ; employés à la forme active, ils ont souvent une valeur de conséquence. La cause est introduite par la préposition.

ÊTRE DÛ À

*La pyramide de verre du Louvre **est due à** un artiste chinois.*
*Le regain d'intérêt des Français pour la lecture **est dû,** en partie, aux médias.*

2) ORIGINE

Valeur générale

(PRO)VENIR DE
ÊTRE PRODUIT PAR
RÉSULTER DE

*Ses troubles digestifs **proviennent** d'une mauvaise alimentation.*
*La politique nataliste française **résulte** d'une baisse démographique sans précédent.*

Origine lointaine

ÊTRE NÉ DE
ÊTRE ISSU DE
ÊTRE CRÉÉ PAR
ÊTRE ENGENDRÉ PAR (L.S.)

*Le préambule de la Charte des Nations unies **est issu de** la déclaration des droits de l'homme de 1789.*
*L'organisation « Médecins sans frontières » **a été créée par** un groupe de jeunes médecins français dans le but d'intervenir partout où la guerre faisait des victimes.*
*Le Front populaire **a été engendré** en grande partie **par** le mécontentement des classes moyennes.*

Emplois plus précis

DÉCOULER DE (L.S.)
DÉRIVER DE (essentiellement l'origine philologique)
ÉMANER DE 1) provenir d'une autorité supérieure 2) dégager odeur, lumière, chaleur

Les problèmes d'immigration en France **découlent**, en partie, **de** la crise de la décolonisation au début des années 60.
Bon nombre de termes maritimes français **dérivent du** néerlandais.
L'ordre d'arraisonner le navire **émane du** commandant de la marine.
Le boulanger travaillait torse nu à cause de la chaleur qui **émanait du** four.

ÊTRE TIRÉ DE (idée d'inspiration)
S'INSPIRER DE (origine d'une œuvre, d'une idée)
PROCÉDER DE (L.S.) (origine d'une idée)

« Le Rouge et le Noir » de Stendhal { **a été tiré d'un** / **s'est inspiré d'un** } fait divers.

Ou
Stendhal **s'est inspiré** d'un fait divers pour écrire « Le Rouge et le Noir ».
Les grandes découvertes bactériologiques **procèdent** toutes **des** travaux de Pasteur.

Origine + idée de responsabilité

ÊTRE DÛ À
ÊTRE CAUSÉ PAR
ÊTRE PROVOQUÉ PAR
ÊTRE ATTRIBUÉ À (origine probable)
ÊTRE IMPUTÉ À (responsabilité probable)

L'artériosclérose **est due à** l'abus des graisses animales.
La police est arrivée pour constater les dégâts **causés** / **provoqués** } par les cambrioleurs.

Les premiers romans de Colette **étaient attribués à** son mari, Willy.
Les crises de tétanie **sont attribuées** aujourd'hui **à** un manque de magnésium et de calcium.
La faillite de l'entreprise **a été imputée** { au directeur. / à la mauvaise gestion.

3) LIEN ENTRE LA CAUSE ET LA CONSÉQUENCE

ÊTRE CONSÉCUTIF À
ÊTRE LIÉ À
TENIR À
S'EXPLIQUER PAR

Le « coup de chaleur » **est consécutif à** un effort physique excessif.
L'humidité du climat breton { **tient à la** / **s'explique par la** } proximité de l'océan.

III - EXPRESSIONS ET PROVERBES

« C'est la goutte d'eau qui a fait déborder le vase. »

« C'est l'étincelle qui a mis le feu aux poudres. »

« Il n'y a pas de fumée sans feu. »
(Pas de conséquence sans cause.)

« Il a mis le doigt sur la plaie. »
(Il a trouvé la cause sensible.)

« L'oisiveté est la mère de tous les vices. »

« À petites causes, grands effets. »

C O N S É Q U E N C E

SYNTAXE

I - CONJONCTIONS

Sensibilisation : Cahier d'exercices 1 – Ex. 1
- Conséquence + idée de manière :
  si bien que/.../en sorte que.
- Conséquence + idée d'intensité :
  tel que/.../si... que.

Utilisation : Cahier d'exercices 1 – Ex. 2
- Conséquence + limite de l'intensité :
  au point que/.../à telle enseigne que.
- Conséquence + condition nécessaire :
  pour que..., il a fallu/.../il aurait fallu
  que...

Cahier d'exercices 1 – Ex. 3
- Conséquence + condition minimale :
  pour que..., il suffit/.../il aura suffi que...
Cahier d'exercices 1 – Ex. 4
- Conséquence mise en doute :
  assez/trop... pour que...
Cahier d'exercices 1 – Ex. 5

Langage recherché et style littéraire
- Conséquence après une principale négative :
  aucun/.../non sans + QUE
  tant/si.

II - AUTRES MOYENS

Ponctuation
- Expressions de coordination
  et/.../en conséquence.
  - Résultat d'une augmentation
    c'est pourquoi/.../ce n'est pas pour
    cela que...
  - Résultat d'un événement lié au temps
    alors/depuis lors/dès lors.
  - Résultat d'un comportement
    de cette manière/ainsi/aussi.
  - Conséquence brusque et inattendue du
    coup.

Expressions elliptiques
- Suppression du verbe + ponctuation
  - Rappel d'un résultat déjà connu
    d'où/de là.

Cahier d'exercices 1 – Ex. 6
- Maintien ou suppression du verbe.
  - Conséquence en forme de conclusion
    conséquence/résultat/total.
  - conséquence considérée dans son en-
    semble
    bilan/total.
  - Conséquences à valeur d'enseignement
    moralité/morale de l'histoire/comme
    quoi.

Expressions imagées
Synthèse : Cahier d'exercices 1 – Ex. 7
Cahier d'exercices 1 – Ex. 8
Cahier d'exercices 1 – Ex. 9

LEXIQUE

I - NOMS (inanimés)

- A valeur générale : la conséquence, l'effet.
- A valeur nuancée :
  - Conséquence immédiate : la riposte, la réplique…
  - Conséquence à ± long terme : la réaction, les suites.
  - Synthèse des conséquences : le résultat, la conclusion…
  - Issue d'une situation : un dénouement…

Cahier d'exercices 1 − Ex. 10
  - Conséquence + image d'une trajectoire : un impact, une portée…
    + image d'eau : les éclaboussures, les remous…
    + image de son : un écho…
- Langage des sciences et techniques : corollaire/…/engrenage.

II - ADJECTIFS

Annonciateur, créateur de…

III - VERBES

- A valeur générale : créer…
- A valeurs particulières
  + idée de mouvement : ouvrir
  - d'influene ; inciter (à)…
  - d'influence décisive : amener (à)…

Cahier d'exercices 1 − Ex. 11
  - de décision : décider (à)…
  - de contrainte : être contraint à…
  - de sentiments : éveiller…

IV - EXPRESSIONS ET PROVERBES

Synthèse sur la conséquence :
Cahier d'exercices 1 − Ex. 12

Cahier d'exercices 1 − Ex. 13
Cahier d'exercices 1 − Ex. 14

Syntaxe

I - CONJONCTIONS

+ **INDICATIF** : conséquence *réelle*.

+ **CONDITIONNEL** : conséquence *imaginée*.

1) CONSÉQUENCE + IDÉE DE MANIÈRE

SI BIEN QUE
DE (TELLE) MANIÈRE QUE
DE (TELLE) FAÇON QUE
DE (TELLE) SORTE QUE
EN SORTE QUE
(vieilli et *littéraire*)

Victor Hugo s'est violemment opposé à Napoléon III **si bien que** ses œuvres ont été interdites en France.

L'examinateur lui a refusé son permis :

il conduit **de telle** { *manière* / *façon* / *sorte* } **qu**'il constituerait un danger sur les routes.

L'aspect commercial du sport revêt de plus en plus d'importance **en sorte que** l'on en arrive à se demander jusqu'à quel point le sport n'est pas en train de devenir une industrie comme les autres.

2) CONSÉQUENCE + IDÉE D'INTENSITÉ

L'intensité seule

TEL + Nom
Nom + TEL   ... QUE
TEL (en tête de phrase)
+ être + sujet +
QUE... (L.S.)

(à la place de *si grand* – *si fort* – *si intense*...)

Il avait un **tel trac** en scène **qu**'il dut renoncer à faire carrière dans la chanson.

Son échec au concours lui causa une **déception telle qu**'elle jura de ne jamais s'y représenter.

Telle est la versatilité de l'homme **qu**'il brûle volontiers aujourd'hui ce qu'il a adoré hier.

Devant un adjectif pluriel *des* devient *de*.

– *Il a vécu* { des déceptions telles / de telles déceptions } qu'aujourd'hui il est désabusé.

L'intensité + la quantité

<table>
<tr><td>

Verbe + TELLEMENT

TELLEMENT +
adjectif ou participe passé
adverbe
locution verbale
de + nom(s)

</td><td>QUE</td></tr>
</table>

(à la place de *très*
– *beaucoup* – ...).

*Il **fume tellement que** ses doigts sont jaunis par la nicotine.*

*Le studio est **tellement sale qu'**il est inhabitable en l'état actuel.*

*Rimbaud était **tellement en avance** sur son époque **qu'**il ne fut compris qu'au siècle suivant, et encore...*

*Elle **avait tellement soif qu'**elle a fini par boire de l'eau non potable.*

*Il a **tellement de complexes qu'**il serait complètement inhibé dans votre groupe.*

La quantité

<table>
<tr><td>

Verbe + TANT

TANT +
participe passé
de + nom(s)

</td><td>QUE</td></tr>
</table>

(à la place de *beaucoup*
ou de *très nombreux*).

*Il fume **tant que** ses doigts sont jaunis par la nicotine.*

*Il a **tant mangé qu'**il en a attrapé une indigestion.*

*Le pianiste avait fait **tant de fausses notes qu'**il a été sifflé à la fin du concert.*

La quantité

<table>
<tr><td>

SI +
adjectif
adverbe
nom dans locution verbale

</td><td>QUE</td></tr>
</table>

(à la place de *très*).

*Il traverse une **si mauvaise** passe **qu'**il devrait louer un costume pour assister au mariage de son frère.*

*Il a mangé **si mal qu'**il s'edst juré de ne plus remettre les pieds dans ce restaurant.*

*Nous avions entrepris une cure de jeûne mais nous **avons eu si faim que** nous avons été pris de crampes d'estomac.*

Elle avait	{ TELLEMENT / SI }	soif QU'elle		Elle a	{ TELLEMENT / TANT }	mangé QU'elle
Il a mangé	{ TELLEMENT / SI }	mal QU'il		Il a	{ TELLEMENT / TANT }	de complexes QU'il

3) CONSÉQUENCE + LIMITE DE L'INTENSITÉ

<table>
<tr><td>

AU POINT QUE
et ses variantes

(l'intensité aboutit à un point de rupture qui est ainsi mis en valeur).

</td><td>

*L'enfant avait de la fièvre **au point qu**'il lui fallut prendre un bain tiède.*

L'enfant avait de la fièvre à $\begin{Bmatrix} tel \\ ce \end{Bmatrix}$ *point qu'il lui fallut prendre un bain tiède.*

L'enfant avait à $\begin{Bmatrix} tel \\ ce \end{Bmatrix}$ *point de la fièvre qu'il lui fallut prendre un bain tiède. (L.S.)*

*L'enfant avait de la fièvre **à un point tel qu**'il lui fallut prendre un bain tiède. (L.S.)*

L'enfant avait plus de 40 de fièvre.
***C'est au point qu**'il lui fallut prendre un bain tiède. (L.S.)*
***C'est à ce point qu**'il lui fallut prendre un bain tiède. (L.S.)*

</td></tr>
</table>

N.B. : Parfois le même sujet pour les deux verbes : infinitif.

*L'absence relâche certains liens très solides **au point de** les briser.*

<table>
<tr><td>

TANT ET TANT QUE
TANT ET SI BIEN QUE

(l'intensité est doublée d'une idée de répétition ou d'insistance)

</td><td>

*Il a pleuré **tant et tant que** ses parents ont fini par céder à ses caprices.*

*Elle chercha dans son sac, fouilla dans les armoires, retourna ses poches **tant et si bien qu**'elle retrouva ses boucles d'oreilles.*

</td></tr>
<tr><td>

À TELLE(S) ENSEIGNE(S) QUE

</td><td>

*Il faisait angine sur angine **à telle enseigne qu**'il dut se faire opérer des amygdales. (L.S.)*

</td></tr>
</table>

> + INFINITIF : vérité générale − à caractère impersonnel
> − même sujet que le verbe principal.
>
> + SUBJONCTIF : interprétation personnelle.

1) CONSÉQUENCE LIÉE À UNE CONDITION NÉCESSAIRE

CONSÉQUENCE			CONDITION
POUR QUE + subj..., POUR + inf...	il a fallu ⎫ fallait ⎬ fallut ⎬ avait fallu ⎭	Temps du passé	+ infinitif ou + QUE + subjonctif ou
	aura fallu − Futur antérieur aurait fallu − Conditionnel passé		+ Nom

Pour être compris, il a fallu me mettre en colère.

Pour que la sécurité { *soit* / *fût* } *renforcée,*

il avait fallu qu'il y { *ait* / *eût* } *une alerte à la bombe.*

Il aura fallu trois guerres pour que l'Allemagne et la France se réconcilient.

IL S'EN FAUT DE + quantité   (POUR) QUE (NE) + subj.

> ATTENTION : Lorsque s'ajoute une idée de quantité, l'expression exprime *la conséquence évitée :* la quantité traduit ce qui était nécessaire pour que la conséquence ait lieu.

Par chance, la police est intervenue. Il s'en fallait de quelques minutes (pour) que la bombe (n')éclate.

2) CONSÉQUENCE LIÉE À UNE CONDITION MINIMALE

CONSÉQUENCE			CONDITION
POUR QUE + subj..., POUR + inf.	il suffit ⎫ il a suffi ⎬ suffisait ⎬ avait suffi ⎭	Présent Temps du passé	+ QUE + subj. + DE + inf. + DE + Nom
	aura suffi − Futur antérieur		

À la condition, s'ajoutent les idées d'*habitude* ou d'*expérience*.

Pour qu'il retrouve le sourire, il suffit d'un rayon de soleil.

Il suffit que je prenne un café le soir pour ne pas dormir la nuit.

Il m'aura suffi de m'absenter une heure pour être cambriolé.
Voir dossier BUT-page 46.

3) CONSÉQUENCE MISE EN DOUTE
(à cause d'une idée d'insuffisance ou d'excès exprimée dans la principale)

ASSEZ SUFFISAMMENT + adj. TROP DE + nom	*Cet historien n'est **pas assez objectif** : ses ouvrages **ne font pas** autorité.*
+ { POUR + inf. POUR QUE + subj.	*Cet historien n'est **pas assez objectif pour que** ses ouvrages **fassent** autorité.* *Cet historien est **trop partial pour que** ses ouvrages **fassent** autorité.*

*Fabrice possède **des biens** : il **n'a pas** à se soucier de son avenir.*

*Fabrice possède **suffisamment de biens pour ne pas avoir** à se soucier de son avenir.*

*Fabrice possède **trop de biens pour avoir** à se soucier de son avenir.*

LANGAGE RECHERCHÉ ET STYLE LITTÉRAIRE

1) CONSÉQUENCE APRÈS UNE PRINCIPALE NÉGATIVE

Aucun Jamais Personne } + QUE + subj. Non sans Non sans + nom	*Il avait été hospitalisé : il **ne** se passait **aucun** jour **qu'**elle ne **prît** de ses nouvelles.* *Il a pu réintégrer l'équipe **non sans que** l'entraîneur **intervînt**.* *C'est vrai il a fini par décrocher son contrat mais **non sans** peine.*

2) CONSÉQUENCE APRÈS UNE FORME NÉGATIVE OU INTERROGATIVE

TANT TEL TELLEMENT } + QUE + subj. SI	*A-t-il **tant** de travail **qu'**il ne puisse venir me voir ?* *(que = au point que).* *Il n'est pas **si** pauvre **qu'**il ne puisse s'acheter un costume.* *(Il n'est pas pauvre **au point de** ne pas pouvoir s'acheter un costume.)*

(essentiellement employé
avec le verbe « pouvoir ».)

II - AUTRES MOYENS

1) PONCTUATION

Relation implicite de la Cause à la Conséquence, celle-ci venant après *la virgule* ou *les deux points*.

Langage écrit : Titres de presse écrite et parlée, expression d'incitation, d'ironie, de défi...

La dispute dégénérait, il a pris la fuite.

« Avalanches au mont Blanc : quatre disparus. »

Langage parlé : L'intonation souligne la ponctuation.

« Allez lui dire ce que vous m'avez dit, vous verrez la tête qu'il fera. »

« Soyez honnête, ça vous retombera sur le nez. »

2) EXPRESSIONS DE COORDINATION

ET

Il avait mangé par inadvertance des champignons vénéneux et devait mourir empoisonné quelques heures plus tard.

DONC PARTANT

— Donnent de l'impact à l'argumentation.

Un commissaire de police à un suspect : « Pourquoi nier ? On a retrouvé sur le corps une lettre de vous. Donc vous connaissiez forcément la victime ! »

La haute couture française a réussi à travers le monde une percée culturelle et partant économique sans précédent.

(renchérit sur la conséquence).

PAR CONSÉQUENT EN CONSÉQUENCE (L. adm. et jud.)

« Tu n'as pas obtenu ta carte de travail, par conséquent il est inutile de chercher à avoir ce poste. »

« Vous étiez en état d'ivresse et vous avez brûlé un feu rouge. En conséquence, votre permis de conduire vous est retiré pour une durée d'un an. »

Résultat d'une argumentation

DE CE FAIT (L.S.) **C'EST POURQUOI** **VOILA POURQUOI** **C'EST POUR CELA QUE** **C'EST POUR ÇA QUE** (Résultat logique)

« *Moi, j'ai toujours été tenté par l'aventure — au moins quatre grandes expéditions par an, dans les coins les plus reculés. — Bien sûr j'ai le goût du risque !... calculé. **C'est pourquoi**, j'ai choisi Michelin.* »

(Publicité des pneus Michelin.)

« *On m'avait posé un lapin, **c'est pour ça que** j'étais d'une humeur massacrante.* » (L.F.)

CE N'EST PAS POUR CELA QUE **C'EST PAS POUR ÇA QUE** (Résultat surprenant)

*Il est majeur, **ce n'est pas pour cela qu'**il a une maturité d'esprit suffisante.*

Résultat d'un événement lié au temps (idée de déclic : à partir de ce moment-là)

ALORS **DEPUIS LORS** **DÈS LORS** (L.S.) (Lors : à ce moment-là)

*Ils ont bien vu qu'ils ne pourraient pas travailler ensemble, **alors** ils ont décidé de se séparer.*

*La campagne de Russie fut un désastre. **Dès lors**, l'Europe entière se dressa contre Napoléon.*

Résultat d'un comportement, d'une manière d'être ou d'agir

DE CETTE MANIÈRE **AINSI** (manière) **AUSSI** (action) le plus souvent avec inversion du sujet sauf dans le langage familier et pour l'euphonie (1re personne du singulier)

*Cet étudiant enregistrait les cours au magnétophone, **ainsi** les réécoutait-il* \
il les réécoutait / *chez lui.*

*Nos partenaires ont accepté nos exigences, **aussi** l'accord a-t-il pu être signé hier soir.*

*Je suis arrivé en retard au concert, **aussi** j'ai dû attendre l'entracte pour entrer.*

Conséquence brusque et inattendue

DU COUP (L.F.)

« *Au moment de payer l'addition, il s'est aperçu qu'il avait oublié son portefeuille. **Du coup**, c'est moi qui en ai été de ma poche *.* »

(* : j'ai été obligé de payer.)

3) EXPRESSIONS ELLIPTIQUES

> — *Suppression du verbe* et utilisation de la *ponctuation* « ; » ou « . ».
> Fréquentes dans le langage familier et le style journalistique.

Rappel d'un résultat déjà connu

D'OÙ (d'où il suit que) DE LÀ (de là vient que)

Dans le guide culinaire, plusieurs restaurants de renom ont perdu une « toque »*; d'où leur mécontentement.

Avec son franc-parler, le ministre avait accumulé les maladresses; de là son renvoi.

— *Suppression ou maintien du verbe.*

* Signe de qualité attribué dans les guides.

Conséquence en forme de conclusion

CONSÉQUENCE RÉSULTAT TOTAL (L.F.)

Demain, grève générale; conséquence : nombreuses perturbations dans les transports.

Paradis fiscal, la Suisse a décidé de fermer ses frontières. Résultat : le nombre de permis de séjours délivrés est en recul.

Il a oublié ses clés dans l'appartement; total : il est à la porte de chez lui.

Conséquence considérée dans son ensemble (souvent négative)

BILAN (des événements de la journée...) TOTAL

Descente de police dans les quartiers chauds; bilan de l'opération : une dizaine de revendeurs de drogue arrêtés.

« Il s'est encore bagarré à la récré; total : deux dents cassées ! »

Conséquence à valeur d'enseignement

MORALITÉ MORALE DE L'HISTOIRE COMME QUOI (L.F.)

Je me suis fait rouler en achetant cette voiture d'occasion. Moralité : à l'avenir, j'y regarderai à deux fois.

Lors de l'examen, il a été surpris en train de copier. Morale de l'histoire : il ne pourra plus jamais se représenter.

« Oui, comme je ne pouvais pas le faire, c'est p'tit Pierre qui a récupéré la clef qui avait glissé derrière l'armoire : comme quoi on a toujours besoin d'un plus petit que soi. »

4) EXPRESSIONS IMAGÉES

C'EST (...) À + inf.

C'est à mourir de rire.
(Cette histoire est drôle au point qu'on a l'impression de mourir de rire.)
C'est à s'arracher les cheveux.
(Cette affaire est si embrouillée qu'elle donne envie de s'arracher les cheveux.)
C'est à vous dégoûter de rendre service.
C'est une histoire à dormir debout.
C'est un nom à coucher dehors.
(Un nom si bizarre aux oreilles qu'on risque de ne pas ouvrir sa porte.)

JUSQU'À + inf.

Elle a travaillé jusqu'à en perdre la santé.
Il a bu jusqu'à en oublier ses soucis.
Il a joué jusqu'à être totalement ruiné.

Lexique

I - NOMS

À valeur générale

CONSÉQUENCE (f). EFFET

Ce n'est que dans un an que les $\left\{ \begin{array}{l} \textit{effets} \\ \textit{conséquences} \end{array} \right\}$ de l'implantation de cette usine se feront vraiment sentir dans la région.

Expression : **par voie de conséquence.**

Il a enfreint à plusieurs reprises le code de la route et, par voie de conséquence, il s'est vu retirer son permis.

Conséquence immédiate

RIPOSTE (f) RÉPLIQUE (f)

« Ton insolence aurait dû te valoir comme riposte une bonne paire de claques. »

Conséquence à plus ou moins long terme

RÉACTION (f) SUITE(S) (f) SÉQUELLE(S) (f)

Le spectacle de l'explosion de la navette spatiale provoqua une réaction de stupeur à travers tous les États-Unis.

La rubéole en soi est une maladie bénigne. Mais, chez une future maman, ce sont les $\left\{ \begin{array}{l} \textit{suites} \\ \textit{séquelles} \end{array} \right\}$ *pour le nouveau-né qu'il faut redouter.*

Synthèse des conséquences

RÉSULTAT CONCLUSION (f) ABOUTISSEMENT

« Ne nous abusons pas ! Sa brusque dépression n'est que $\left. \begin{array}{l} \textit{le résultat} \\ \textit{l'aboutissement} \end{array} \right\{$ *inévitable d'un surcroît de travail ! »*

Pour ce couple, le divorce a été $\left\{ \begin{array}{l} \textit{la conclusion} \\ \textit{le résultat} \end{array} \right\}$ *de 7 années de déchirements perpétuels.*

PRODUIT (qui doit son existence à) **FRUIT** (résultat positif)	*« C'est quand même extraordinaire que, par le seul **produit** de sa volonté, il ait retrouvé l'usage de ses jambes. »* *Le décryptage des hiéroglyphes est le **fruit** de longs tâtonnements et de patience de la part de Champollion.*

Conséquence traduisant la manière dont on sort d'une situation

ISSUE (f) (une des solutions possibles) **DÉNOUEMENT** (solution définitive à une situation souvent compliquée)	*« Il est mort !... Et dire que c'était l'**issue** qu'il redoutait pour son opération. »* *Après des années de mesquines jalousies et d'incroyables imbroglios, leur différend a connu le plus inattendu des **dénouements** : elles sont tombées dans les bras l'une de l'autre. A la surprise générale.*

Conséquence liée à une image de trajectoire

IMPACT (effet brutal) publicitaire... d'un discours...	*Le Président nous a confié sa satisfaction devant l'**impact** de sa conférence de presse **sur** l'opinion publique.*

PORTÉE (f. plutôt singulier) inimaginable – limitée – d'un événement – d'un geste	*Finalement, toute cette campagne de diffamation n'aura eu aucune **portée** sur son immense popularité.*

CONTRECOUP (conséquence indirecte) inattendu – désastreux – d'une crise – du chômage – sur l'opinion publique	*Son apathie actuelle pourrait bien être le **contrecoup** de tant d'années de tension et d'efforts soutenus.*

RICOCHET (effet de rebond)	*Les étudiants français ayant obtenu satisfaction pour leurs revendications, de semblables manifestations se développèrent **par ricochet** d'abord en Chine puis en Espagne.*

REBONDISSEMENT (conséq. après un temps d'arrêt) incompréhensible – inespéré – d'un scandale – d'une enquête policière	*Après une période d'accalmie, l'affaire connut un nouveau **rebondissement** avec les révélations d'un témoin de dernière minute.*

RETOMBÉES (f) (effets secondaires) radioactives — financières — d'un placement d'argent — sur le travail	*La montée du mark, monnaie-refuge, a provoqué des **retombées** sur le franc français et le gouvernement a dû prendre les mesures nécessaires pour éviter une dévaluation.*
AVALANCHE	*Cette proposition de loi a entraîné une **avalanche** de protestations dans les rangs de l'opposition.*

Conséquence liée à une image d'eau

ÉCLABOUSSURES (f) (conséq. néfastes) d'un scandale — d'un procès	*Le Président Pompidou, bien que réputé intègre, ne put échapper aux **éclaboussures** de la ténébreuse affaire Markovic.*
REMOUS (qui crée une agitation) politiques — sociaux — dans un auditoire — dans un public	*L'annonce de l'arrivée de la star provoqua immédiatement des **remous** dans la foule.*
REJAILLISSEMENT (bénéfique) d'un acte d'éclat — d'honneurs	*L'initiative dont il fit preuve pour sortir la société de cette mauvaise passe, eut un **rejaillissement** direct sur sa carrière : immédiatement, il fut nommé à un poste supérieur.*
CASCADE (f) (chutes avec rebondissements) d'honneurs — de récompenses — d'ennuis — de faillites	*Dès sa parution, cette photo valut au modèle une **cascade** de propositions de la part des revues de mode les plus en vue.*

Conséquence liée à une image de son

ÉCHO (idée d'adhésion) une tentative sans écho — rencontrer un écho favorable	*Son offre de prix n'a malheureusement recueilli aucun **écho** auprès des pays concernés.*
RÉPERCUSSION(S) (à long terme) fâcheuses — économiques — de l'impôt sur — d'une famine	*Qui aurait pu prédire les **répercussions** qu'allait produire la télévision sur le mode de vie des Français ?*

RETENTISSEMENT (de large portée) considérable – inespéré – d'une affaire – d'une œuvre

*L'annonce de l'assassinat de J.-F. Kennedy a eu un **retentissement** immédiat et mondial.*

Conséquence liée au langage des sciences et techniques

COROLLAIRE (conséquence naturelle d'un théorème)

L'invasion de $\left\{ \begin{matrix} \textit{mots anglo-saxons} \\ \textit{vocables français} \end{matrix} \right\}$ *dans la langue française n'est que le **corollaire** de l'avancée technologique des U.S.A.*

INCIDENCE (f) (une incidence) sur les salaires – sur le chômage

*Le prix élevé de la main-d'œuvre dans les pays développés a une **incidence** non négligeable sur le prix de revient des produits manufacturés.*

RÉSULTANTE (f) (résultat d'un ensemble de causes)

*La révolte de Mai 68 apparaît bien aujourd'hui comme la **résultante** des diverses frustrations des Français de l'époque.*

ENGRENAGE (enchaînement inéluctable de circonstances) de la délinquance – du vice –

*Le désir de vendetta déclenche périodiquement en Sicile et en Corse **l'engrenage** de la violence.*

II - ADJECTIFS

ANNONCIATEUR (TRICE) de catastrophes – du printemps

*Ces gros nuages noirs sont **annonciateurs** d'un orage.*

CRÉATEUR (TRICE) de troubles – d'environnement **GÉNÉRATEUR** (TRICE) (qui engendre) de chômage – d'inflation **PRODUCTEUR** (TRICE) de tensions

*« Nous devons développer les secteurs **créateurs** d'emplois. »*
(Un ministre.)

*Cette longue sécheresse a été **génératrice** d'une famine sans précédent.*

*Hollywood ressemblait, après la guerre, à une usine **productrice** de rêves roses.*

PORTEUR DE (qui apporte) d'espoirs **VECTEUR DE** (synonyme recherché de porteur)	Lancé depuis Londres par la B.B.C., le message du général de Gaulle fut soudain **porteur d'espoirs** nouveaux pour les Français. « Les scénarios saturés de péripéties sont **vecteurs d'une** action vidée de toute psychologie et de toute morale. » (Un critique.)
GROS (SE) d'implications – de sous-entendus	Les fumées qui s'accumulent au-dessus du volcan sont **grosses de** menaces pour le village situé au pied.
LOURD de significations – de conséquences	Le franchissement de la frontière par l'armée s'est avéré **lourd de** répercussions politiques.

III - VERBES

Valeur générale

CRÉER **ENGENDRER** **FAIRE NAÎTRE**	Le danger de la société de loisirs, c'est **d'engendrer** une civilisation narcissiste et réfractaire à l'effort. (Nouvel Observateur.) On imagine mal combien de vocations d'ingénieurs et de marins les romans de Jules Verne **ont fait naître.**
PROCURER (À) (conséq. avantageuses et désavantageuses) **VALOIR À** qqn (de + inf.) **ATTIRER** (à soi)	Ses prises de position antisémites **ont procuré** à Céline bien des ennuis après la guerre. L'ensemble de son œuvre **a valu** à Marguerite Yourcenar d'être la première femme membre de l'Académie française. Son franc-parler lui **a attiré** l'animosité générale. Avec son franc-parler, **il s'est attiré** l'animosité générale.
PRODUIRE	Les diverses interprétations de la Bible **ont produit** bien des schismes.
CAUSER = conséq. souvent néfaste **OCCASIONNER** = causer par hasard	Les traumatismes cérébraux **causent** souvent des pertes de mémoire. L'altitude peut **occasionner** chez certains sujets des sensations de vertige.

Valeurs particulières

a) *Conséquence liée à l'idée de mouvement*

Début du mouvement

OUVRIR	*Nul ne peut plus nier que les satellites **ouvrent** une ère en matière de communication.*

Mouvement brusque

ENTRAÎNER DÉCLENCHER PROVOQUER	*L'indépendance de l'Algérie **a entraîné** une importante vague d'émigration vers la France.* *Chaque spectacle des Beatles **déclenchait,** dans les années 60, de véritables scènes d'hystérie.*

Mouvement simultané

S'ACCOMPAGNER DE	*L'orage **s'accompagne** parfois **de** grêle.*

Mouvement final

DÉBOUCHER SUR ABOUTIR À	*L'échec des négociations sur la course aux armements **a débouché sur** une détérioration des relations Est-Ouest.*

b) *Conséquence liée à l'idée d'influence, de conseil*

INCITER (qqn) À + nom ou inf. INVITER (qqn) À + nom ou inf. ENGAGER (qqn) À + nom ou inf.	*La société de consommation **incite à** recourir au crédit.* *Son père l'**a incité à** faire carrière comme lui dans la magistrature.* *C'est étrange comme ce vieux cloître **invite à** la méditation.*

c) *Conséquence liée à l'idée d'influence décisive*

AMENER (qqn) À + nom ou inf. CONDUIRE (qqn) À + nom ou inf. POUSSER (qqn) À + nom ou inf. ENTRAÎNER (qqn) À + nom ou inf.	*De nombreuses révoltes dans les prisons **ont conduit** le gouvernement à reconsidérer sa politique carcérale.* *Sa passion du jeu l'**a poussé à** la ruine.* *La passion du pouvoir et un immense orgueil **ont entraîné** Napoléon à commettre de graves erreurs.*

d) *Conséquence liée à l'idée de décision*

DÉCIDER (qqn) À + inf.
DÉTERMINER (qqn) À + inf.

*C'est ce cambriolage qui m'a **décidé à** faire installer une porte blindée.*
*Le nombre croissant d'accidents de la route a **déterminé** le gouvernement **à** mettre en place une législation plus sévère.*

e) *Conséquence liée à l'idée de contrainte*

ÊTRE { FORCÉ / CONTRAINT } DE + inf.
FORCER / CONTRAINDRE } (qqn) À + inf.

*« Désolé, **je suis forcé de** partir : j'ai un rendez-vous très important ! »*
*Avant qu'il ne se lance dans l'aventure, ses parents **l'ont forcé à** finir ses études.*

RÉDUIRE / ACCULER } (qqn) À + { nom / inf. }
(contrainte extrême — souvent employés à la forme passive)

*Bien des vieux acteurs tombés dans l'oubli se sont trouvés **acculés à** la misère.*
Ou
*L'oubli **a acculé à** la misère bien des vieux acteurs.*

f) *Conséquence liée aux sentiments*

Sentiments progressifs

ÉVEILLER
FAIRE NAÎTRE
SUSCITER
ÉVOQUER

*Dans ses premiers romans, Marcel Proust a su transcrire les impressions que ses souvenirs d'enfance **éveillaient** en lui.*

Provocation de sentiments forts

EXCITER
ATTISER
ENFLAMMER

*Le spectacle de la mer déchaînée **excitait** l'imagination du peintre John Turner.*

Libération des sentiments forts

SOULEVER
DÉCHAÎNER
une tempête de protestation — un tollé — l'enthousiasme — l'indignation...

*En son temps, l'affaire Dreyfus **a soulevé** les passions et divisé les Français.*

Retour de sentiments

RÉVEILLER
RALLUMER
RANIMER
la haine — la colère —
les conflits...

*Périodiquement, la question de l'enseignement **réveille** en France de vieilles querelles que l'on croyait éteintes.*

Expressions impersonnelles

IL RESSORT DE... QUE
IL RÉSULTE DE... QUE
ou
DE..., IL RESSORT QUE...
ou
DE..., IL RÉSULTE QUE...
(pour une synthèse
des conséquences)

*Il **ressort des** élections législatives de mars 1986 que les Français ont opté pour la cohabitation.*
Ou
Des élections..., il ressort que les Français...

IL DÉCOULE DE ou QUE
IL S'ENSUIT QUE
IL S'EN EST SUIVI + nom

*L'ambassade lui a refusé son visa; **il s'ensuit qu**'il doit renoncer à son voyage.*
*Le métro s'est brusquement immobilisé dans l'obscurité : **il s'en est suivi une** panique indescriptible.*

IV - EXPRESSIONS ET PROVERBES

Expressions figées

Tomber de Charybde en Sylla : aller de catastrophe en catastrophe.

De fil en aiguille,... : une conséquence en entraînant une autre,...

Faire boule de neige : une conséquence entraîne toute une série d'autres conséquences.

Peser le pour et le contre : prévoir les conséquences positives et négatives.

Expressions populaires

La conséquence est désagréable mais juste :

« *Bien fait !* »

« *Tant pis pour toi !* »

« *Tu l'as bien voulu ! (cherché)* »

« *Voilà ce que c'est que de (ne pas écouter mes conseils) :*

« *Cela ne tire pas à conséquence* » *:* il n'y aura pas de conséquence à un acte.

Proverbes

Comme on fait son lit, on se couche.
Les événements heureux ou malheureux de notre vie dépendent de notre comportement.

Qui sème le vent, récolte la tempête.
Celui qui crée des ennuis aux autres, voit les ennuis se multiplier et souvent se retourner contre lui.

Qui s'y frotte, s'y pique.
Celui qui ose affronter un danger ou une personne dangereuse, risque de le regretter.

B U T

I - CONJONCTIONS

Sensibilisation au dossier :
Cahier d'exercices 1 – Ex. 1

Valeur générale
• Utilisation courante :
pour (que)/afin de ou que.
Utilisation : Cahier d'exercices 1 – Ex. 2
• Mise en relief du but :
si... c'est pour (que)...

Valeur nuancée
• But + manière :
de manière (à)/de sorte (que)/de façon à...
• But + intensité :
de telle manière/sorte/façon que...
• Le but est d'éviter :
pour ne pas......./de peur de ou que... ne...
• But + condition
il faut... pour.../il suffit... pour...
Cahier d'exercices 1 – Ex. 3

II - PRÉPOSITIONS

+ infinitif :
• *à valeur générale*
dans le but de /.../histoire de/...
• *but + idée ou sentiments personnels*
dans l'intention de/.../dans le souci de...
but + idée préconçue
Cahier d'exercices 1 – Ex. 4
+ infinitif futur
• avec l'idée de ou que/... but non dévoilé

conditionnel
• avec l'idée de ou que/... but non dévoilé
avec l'arrière-pensée de ou que...
but unique
+ infinitif subjonctif
• dans le (seul) but de ou que...
... à seule fin de ou que...
but immédiat ou non
+ nom
• en vue de/.../dans un souci de...

III - AUTRES MOYENS D'EXPRESSION

• Relative au subjonctif.
Cahier d'exercices 1 – Ex. 5
• Impératif + que + subj.

• Verbes de mouvement
Cahier d'exercices 1 – Ex. 6
Synthèse : Cahier d'exercices 1 – Ex. 7

LEXIQUE

I - NOMS

Inanimés : • valeur générale
                but/objet
Cahier d'exercices 1 — Ex. 8
          • valeur nuancée
            action à mener à bien
            projet/objectif
            + volonté
              intention/résolution
            + conception
              propos/idée...
            + idéal

            aspiration/utopie
      + affectivité
            ambition/soif
      + affrontement
            défi/enjeu
      sens philosophique ou
      sociologique
      fin/finalité.
Animé : ambitieux/arriviste...
      + langue actuelle
            jeune loup/... fonceur.

II - ADJECTIFS

• Sens laudatif : persévérant/tenace...
• Sens variable : ambitieux/obstiné...

• Sens péjoratif : entêté/buté...

III - VERBES

• **But + idée d'effort** : chercher à (ce que)...
   ... s'acharner à...
Cahier d'exercices 1 — Ex. 9
   langage familier : s'escrimer à...
• **But précis** : (viser (à)...
   Demande : postuler... convoiter
   Prétention : se faire fort de...

Le but est d'éviter : empêcher de/que...
Refuser un but : se garder de...
Synthèse du lexique :
Cahier d'exercices 1 — Ex. 10
   Idéal : aspirer à...
   But atteint : accéder à...

IV - EXPRESSIONS ET PROVERBES

Synthèse du dossier :
Cahier d'exercices 1 — Ex. 11

Cahier d'exercices 1 — Ex. 12

SYNTHÈSE

Cahier d'exercices 1 — Ex. 1
Cahier d'exercices 1 — Ex. 2

Cahier d'exercices 1 — Ex. 3

Syntaxe

> **+ INFINITIF :** même sujet pour les 2 verbes, principal et subordonné.
> **+ SUBJONCTIF :** sujets différents.

1) À VALEUR GÉNÉRALE ET D'UTILISATION COURANTE

| POUR
AFIN DE | } + inf. |
| POUR QUE
AFIN QUE | } + subj. |

« À 35-40 ans, bien des femmes mettent en péril leur carrière *pour avoir* un ou plusieurs enfants. » F-Magazine.
« Les récits de voyage apportent l'illusion de ce qui n'existe plus... *pour que* nous échappions à l'accablante évidence que 20 000 ans d'histoire sont joués. »

C. Lévi-Strauss.

Mise en relief du but

| SI..., C'EST POUR (QUE)...
AFIN DE/QUE... |

SI précède la conséquence et n'a pas la valeur de condition.
C'EST met en relief le but et peut être *suivi de toutes les conjonctions et prépositions de but.*

« Si le Seigneur vous a fait tomber malade à Tours et non pas à Paris, *c'est*, justement, *pour que* vous vous trouviez proche de votre enfant en ces heures essentielles de votre vie ; *que* vous l'ayez à portée de vous, en quelque sorte. »

Jeanne Bourin.

2) À VALEUR NUANCÉE

a) Le But + Idée de manière

| DE MANIÈRE À
DE FAÇON À | + inf. |

Tâchez de ne pas vous coucher trop tard *de manière à être* frais et dispos demain matin pour prendre la route.

| DE MANIÈRE QUE
DE FAÇON QUE
DE SORTE QUE | + subj. |

Le dentiste a anesthésié la dent *de manière que* le patient n'*ait* pas mal.
Régler le niveau sonore *de sorte que* l'aiguille ne pénètre pas dans la zone rouge. (Mode d'emploi.)

Plus insistant

DE MANIÈRE À CE QUE DE FAÇON À CE QUE + subj.

*Les hélicoptères volaient à basse altitude **de manière à ce que** les radars ne les **repèrent** pas.*

*Par grand froid, laissez tourner votre moteur 2 à 3 minutes avant de démarrer **de façon à ce qu'**il se réchauffe.*

b) But + Idée d'intensité

DE TELLE MANIÈRE QUE DE TELLE FAÇON QUE + subj. DE TELLE SORTE QUE

*Le cambrioleur s'y est pris **de telle manière que** personne ne le **voie** ni entrer ni sortir.*

*Le metteur en scène a demandé à ses acteurs d'articuler **de telle sorte que** même le public du dernier balcon entende distinctement.*

> Si le but (subjonctif) a été atteint, il est devenu une *conséquence* (indicatif).

*Les acteurs articulaient **de telle sorte que** nous, même du dernier balcon, nous **avons** tout entendu.*

c) Le But est d'éviter

	POUR NE PAS AFIN DE NE PAS = DE PEUR DE + inf. DE CRAINTE DE

Pour ne pas être dérangé, l'écrivain a décroché son téléphone avant de se mettre au travail.

De peur d'être dérangé, l'écrivain a décroché son téléphone avant de se mettre au travail.

POUR QUE... NE... PAS... AFIN QUE... NE... PAS... + subj. = DE PEUR QUE... NE*... DE CRAINTE QUE... NE*...

Pour qu'on ne le dérange pas, l'écrivain a décroché son téléphone avant de se mettre au travail.

De peur qu'on ne le dérange, l'écrivain a décroché son téléphone avant de se mettre au travail.

> ** NE explétif :* à ne pas confondre avec la négation. S'emploie essentiellement à l'écrit.

*« **Pour que** la science **ne** soit **pas** sans conscience, nous devons faire fructifier davantage nos incertitudes que nos certitudes. »*

Jean Rostand.

*« Elle s'était mise un peu en retrait **de peur qu'on ne** remarquât ses yeux rougis par les larmes. »*

André Maurois.

d) But dont la réalisation est liée à une condition nécessaire

$$
\text{Il} \left(\begin{array}{l} \text{me} \\ \text{te...} \end{array} \right) \left\{ \begin{array}{l} \text{faut/faudra/} \\ \text{faudrait/aurait fallu} \end{array} \right\} + \begin{array}{l} \text{inf.} \\ \text{nom} \\ \text{QUE + subj.} \end{array} \left\{ \begin{array}{l} \text{POUR + inf.} \\ \text{POUR QUE + subj.} \end{array} \right.
$$

Il faut boire beaucoup *pour* éliminer les toxines.
Il lui faudra de la persévérance *pour* maigrir.
Il faudrait que je boive beaucoup *pour* éliminer les toxines.

> On a l'expression du *but lorsque l'expression « il faut »
> est au présent, au futur simple et aux conditionnels* et on
> a l'expression de la *conséquence avec un temps du passé
> ou avec le futur antérieur :*

Il aurait fallu que je lui explique quatre fois cette règle *pour
qu'il comprenne (but).*

$$
\text{Il} \left\{ \begin{array}{l} \textit{a fallu que} \text{ je me } \textit{mette} \text{ en colère} \\ \textit{aura} \end{array} \right. \left\{ \begin{array}{l} \textit{pour qu'il comprenne} \\ \textit{pour être compris.} \\ \textit{(conséquence)} \end{array} \right.
$$

e) But dont la réalisation est liée à une condition minimale

$$
\begin{array}{l} \text{IL} \\ \text{nom} \\ \text{inf.} \end{array} \left\{ \begin{array}{l} \text{me} \\ \text{te} \\ \text{...} \end{array} \right) \text{SUFFIT} \left[\begin{array}{l} \text{DE} \\ \text{QUE + subj.} \end{array} \begin{array}{l} \text{inf.} \\ \text{nom} \end{array} \right] \text{POUR} \left\{ \begin{array}{l} \text{inf.} \\ \text{QUE + subj.} \end{array} \right.
$$

Il suffit de rencontrer l'âme sœur *pour* voir sa vie bouleversée.
*Il vous suffit d'*une rencontre *pour que* toute votre vie en soit
bouleversée.
Il suffit que vous rencontriez l'âme sœur *pour que* toute votre
vie s'en trouve bouleversée.
La rencontre de l'âme sœur *suffit*/ Rencontrer l'âme sœur
suffit pour bouleverser toute une vie.

> Avec l'expression « *il suffit que* », quand l'*idée d'expé-
> rience* ou *d'habitude* l'emportent, c'est la *conséquence.*

Le docteur me dit qu'*il suffit que* je *prenne* une aspirine *chaque soir pour que* ma migraine dispar*aisse*. (Conséquence
recherchée = **but**.)
Il suffit que je *prenne* une aspirine **chaque soir** *pour que*
ma migraine disparaisse. (Expérience − conséquence.)

> Les deux expressions : *il faut* et *il suffit peuvent se
> combiner.*

Pour être candidat à la présidence de la République, **il ne suffit
pas** d'être Français, **il faut aussi** avoir au moins 23 ans et
payer une caution de 10 000 F.

II - PRÉPOSITIONS

+ INFINITIF.

1) À VALEUR GÉNÉRALE

| DANS LE BUT DE |

Au terme de 3 semaines de grève, le syndicat a donné l'ordre de reprise du travail **dans le but de** ne pas envenimer la situation.

| EN VUE DE |

But immédiat

Notre ville vient de créer de nouvelles zones piétonnes **en vue de** permettre à chacun de circuler à loisir.

But lointain

Face à l'incroyable lenteur des bus (10 km/h de moyenne), on créerait des espaces de circulation entièrement séparés **en vue de** leur garantir une meilleure vitesse de pointe.

| À DESSEIN DE (L.S.) |

But noble ou ignoble

Malraux fit voter une loi sur le ravalement obligatoire des façades d'immeubles **à dessein de** redonner un certain éclat à Paris.

Le candidat mit sur pied une campagne diffamatoire **à dessein de nuire** à la réputation de son adversaire.

| HISTOIRE DE/QUESTION DE/ AFFAIRE DE (L.F.) |

But sans importance

Il se moquait de ses taches de rousseur, **histoire de** la faire bisquer (mettre de mauvaise humeur).

2) BUT + IDÉE OU SENTIMENT PERSONNELS

| DANS/AVEC L'INTENTION DE |

Avec une idée précise

Si des inconnus pénètrent chez vous **avec l'intention de** nuire, quelle parade leur opposer? (Publicité pour un système d'alarme.)

| DANS LA PERSPECTIVE DE |

But à accomplir en plusieurs années

Dans la perspective de faire de La Villette le musée scientifique le plus moderne de la planète, des milliards de francs ont été investis.

But situé dans un avenir plus ou moins lointain (but immédiat, emploi rare)

Dans la perspective de vous revoir après une si longue absence, nous avons retapissé entièrement la chambre d'amis.

DANS LE SOUCI DE	**But avec préoccupation vis-à-vis des autres ou de soi,** mais ne comportant pas d'idée d'inquiétude

« Dans le souci de vous aider à mieux gérer votre budget, notre banque vous propose une formule nouvelle. » (Publicité pour une banque.)

+ INFINITIF ou + FUTUR/CONDITIONNEL

AVEC L'IDÉE DE/QUE	**But avec idée préconçue**

« Ce petit jeune est arrivé à la tête de l'entreprise avec l'idée de tout chambouler (transformer). »

DANS/AVEC L'ESPOIR DE/QUE	**But au résultat incertain**

La police et l'armée ont entrepris d'intenses recherches dans l'espoir de retrouver les corps des victimes.

Il lui a téléphoné une dernière fois avec le secret espoir qu'elle reviendrait sur sa décision.

AVEC L'ARRIÈRE-PENSÉE DE/QUE	**But non dévoilé,** l'intention est parfois malhonnête

« Qu'est-ce qui vous prouve qu'il ne l'épouse pas avec l'arrière-pensée d'hériter, un jour de sa fortune ? »

« C'est vrai, je le lui ai proposé, mais avec l'arrière-pensée qu'il refuserait ! Tant pis pour moi ! »

+ INFINITIF ou + SUBJONCTIF

DANS LE SEUL BUT DE/QUE À SEULE FIN DE/QUE	**But unique**

Si je me permets de vous donner ce conseil, c'est dans le seul but de vous aider.

Une réglementation va être mise sur pied à seule fin que certaines rues piétonnes redeviennent propres.

+ NOM

EN VUE DE	*Cet athlète s'entraîne en vue des Jeux Olympiques.*

EN PERSPECTIVE DE	**But immédiat**

*Nous avons reculé notre départ en Bretagne
en perspective des élections,
dans la perspective des élections de mai prochain.*

But non immédiat

Il épargne en perspective de ses vieux jours.

DANS UN SOUCI DE + nom sans article	*Dans un souci de rigueur scientifique, le savant recommença plusieurs fois ses calculs.*

III - AUTRES MOYENS

Une relative au subjonctif

— Après un verbe exprimant une idée de *recherche*.

« *Je recherche un* hôtel* $\left\{\begin{array}{l} \textit{qui soit bon marché.} \\ \textit{que je puisse recommander.} \\ \textit{dont les chambres donnent} \\ \textit{sur la mer. »} \end{array}\right.$

— Après un verbe exprimant un *souhait*.

« *J'aimerais avoir un* ami* $\left\{\begin{array}{l} \textit{à qui je puisse faire confiance.} \\ \textit{en qui je puisse avoir toute} \\ \textit{confiance. »} \end{array}\right.$

* Toujours un article indéfini.

— Après un verbe à la *forme interro-négative*.

« *Vous ne connaissez pas une secrétaire qui soit trilingue?* »
« *Vous n'auriez pas un modèle qui fasse moins cher?* » *(L.F.)*

> Soit après « *où* », soit *après un pronom relatif précédé d'une préposition,* on peut faire l'ellipse des verbes : pouvoir/devoir/falloir et avoir l'*infinitif seul.*

« *Heureusement que tu lui as indiqué un spécialiste à qui s'adresser, sinon...* »
« *Les aéroports sont devenus des hangars où parquer les hébétés de la transhumance.* » *(C.M. Cluny.)*

Un verbe à l'impératif suivi de QUE + subjonctif (essentiellement langue parlée)

« *Parlez moins fort que personne ne vous entende!* »
« *Raconte-moi une blague que je me déride un peu!* »

Un verbe de mouvement avec ellipse de POUR

« *Attends-moi, je cours chercher du pain.* »
« *Salut, je file prendre mon train.* »

Verbes principaux : aller ; partir ; (re)venir ; ...
envoyer ; mener ; ...
courir ; filer ; foncer ; voler ; ...
descendre ; dévaler ; ...
monter ; grimper ; ...
et... rester.

Lexique

1) LES NOMS : INANIMÉS

À valeur générale

LE BUT DE
animé
+
inanimé
L'OBJET DE
+ inanimé

Le but de Simon Bolivar a consisté à émanciper les pays d'Amérique Latine.

« **Le but** ultime de la science doit être non pas la maîtrise du monde matériel mais la construction d'hommes civilisés. »
(A. Carrel.)

« **L'objet** de ma démarche est de vous faire part des inquiétudes du personnel. » *(Délégué syndical au patron.)*

À valeur nuancée : * Action à mener à bien

LE PROJET
L'OBJECTIF
(but plus précis)

Un grand **projet** : la candidature de Paris aux Jeux Olympiques de 1992. *(Affiche de la Mairie de Paris.)*

Faire participer le plus grand nombre de personnes à la recherche fondamentale, tel est l'**objectif de** l'Institut Pasteur. *(Lettre d'appel de dons.)*

* Volonté personnelle

L'INTENTION
LA RÉSOLUTION
(détermination plus grande)

« Désolé ! En faisant cette remarque, je n'avais aucunement **l'intention de** vous offenser. »

Il n'a pas pu se tenir à sa **résolution** de ne plus fumer.

* Conception personnelle

LE PROPOS
L'IDÉE
LE DESSEIN
L'ARRIÈRE-PENSÉE
(but non dévoilé)

Mon **propos** dans cet ouvrage est de faire connaître au lecteur un aspect de notre Histoire.

Peu nombreux furent ceux qui encouragèrent Christophe Colomb dans son **idée d'**atteindre les Indes par l'ouest.

Dans la « Comédie Humaine », Balzac proclame son **dessein de** peindre les espèces sociales selon la méthode des naturalistes.

Elle fréquentait assidûment les réunions politiques avec l'**arrière-pensée** d'y trouver des appuis pour sa carrière.

* Le but est un idéal

L'ASPIRATION
L'UTOPIE

Rien ni personne n'a jamais étouffé l'aspiration de ce peuple à la liberté.

Une langue commune pour tous les hommes, ce n'est encore qu'une utopie.

* But à dominante affective

L'AMBITION
LA CONVOITISE (désir de s'approprier)
LA SOIF

Depuis son premier ouvrage, cet écrivain nourrit l'ambition d'entrer à l'Académie française.

Aujourd'hui, l'Afrique reste l'objet d'importantes convoitises économiques.

La soif des honneurs a tourné la tête aux gens les plus raisonnables.

* But dont la réalisation implique un affrontement

LE DÉFI
L'ENJEU (entreprise comportant des risques importants)

Vaincre la famine, un défi qui concerne la planète entière.

L'enjeu des élections justifie l'ampleur des moyens financiers investis dans la campagne.

* But dans le sens philosophique ou sociologique

LA FIN
LA FINALITÉ

Toute société ne saurait avoir d'autre fin que le bien-être de ses membres. (A. Comte.)

On peut se demander à quelle finalité répondent certains sondages d'opinion.

2) LES NOMS : ANIMÉS, CEUX OU CELLES QUI ONT UN BUT DANS LA VIE

L'AMBITIEUX

est prêt à vaincre tous les obstacles pour réussir dans le monde.
« J'ai découvert quelque chose sur moi-même, à savoir que j'étais un ambitieux. Au fond, toutes mes pensées gravitent autour de cela : arriver. Non pas arriver en faisant l'hypocrite, mais sain et sauf, intègre, en forçant le respect. »
(Lettre de Jacques Rivière.)

L'ARRIVISTE

est un ambitieux sans scrupules
Aujourd'hui plus que jamais, l'arriviste en politique est capable de « retourner sa veste » pour assurer sa carrière (Changer diamétralement d'idée politique.)

L'UTOPISTE	ne tient pas compte des contraintes de la réalité. *Tout rêveurs et idéalistes qu'ils étaient, les utopistes du XIXe ont éveillé la conscience d'esprits généreux et entreprenants.*

*Langue imagée et actuelle

LE JEUNE LOUP	a les *dents longues.* *Dans le concours « Innover pour exporter » un jury de chefs d'entreprise a récompensé quinze jeunes loups d'Ile-de-France dont les projets ont été jugés les plus innovateurs et les plus riches de perspectives à l'exportation. (Communiqué de presse.)*
LE BATTANT	aime gagner par le combat. Il *ne baisse pas les bras.* *Vendre la publicité dans l'annuaire électronique ?* *Pour nous intéresser, vous devez :* *être un battant, un professionnel de la vente,* *être mobile et disponible...* *(Petite annonce dans un quotidien.)*
LE FONCEUR	va de l'avant sans se soucier des difficultés. *On le dit fonceur, heureux de vivre, homme de caractère et de convictions, prêt à courir vers la mêlée comme un joueur de rugby. (Présentation d'un homme politique à la télévision.)*

II - ADJECTIFS

INCLUANT L'IDÉE DE BUT ET POUVANT DEVENIR DES QUALIFICATIFS

Sens laudatif

PERSÉVÉRANT	celui qui reste fidèle au but qu'il s'est fixé quelles que soient les difficultés. Il fait preuve de *persévérance.* *Après la disparition de son époux, Marie Curie, persévérante, continua seule, pendant des années, ses recherches sur le radium.*
TENACE	celui qui n'abandonne pas malgré les échecs. Il tient bon, il montre de la *ténacité.* *Tenace, ce jeune homme frappé de paralysie a pu réaliser son projet de faire le tour du monde en fauteuil roulant.*
OPINIÂTRE	celui qui persiste dans ses intentions avec une fermeté inébranlable. Il agit avec *opiniâtreté.* *Menant une lutte opiniâtre contre sa maladie, le président Pompidou assura courageusement ses fonctions jusqu'à son dernier jour.*

Sens variable

peut être pris en bonne ou mauvaise part

AMBITIEUX

celui qui désire passionnément réussir à des fins personnelles.
« Comment voulez-vous faire confiance à ce journaliste ambi-
tieux qui ne pense qu'à sa propre carrière ? »
Peut qualifier une action dans un sens laudatif (= audacieux).
L'ambitieux projet d'alphabétisation entrepris dans ce pays
est sur le point d'aboutir.

OBSTINÉ

celui qui s'attache avec énergie à son œuvre, celui qui ne veut
pas reconnaître ses erreurs.
C'est grâce à ses efforts obstinés qu'il a pu sortir de cette
situation difficile.
Son obstination à ne pas vouloir moderniser son entreprise
a causé sa perte.

TÊTU

par tempérament, il n'aime pas qu'on le fasse changer d'avis.
« Il a la tête dure »; il ne veut rien entendre.
Enfant, il était têtu au point de refuser toute réprimande; il ne
cédait jamais. Ce trait de caractère contribua plus tard à faire
de lui un héros de la Résistance.

Sens péjoratif

ENTÊTÉ

d'une façon occasionnelle, celui qui se cramponne à son idée
par sottise ou par amour-propre.
Farouches adversaires de toute vaccination, les adeptes de
cette secte ont été, par leur entêtement criminel, la cause de
la mort de plusieurs enfants.

BUTÉ

celui qui refuse toute discussion et n'écoute pas les arguments
des autres.
« Si vous restez aussi buté dans vos aspirations, je ne vous
prédis pas un avenir glorieux. »

III - VERBES

But + idée d'effort

CHERCHER À + inf.
    À CE QUE + subj.
S'EMPLOYER À + nom/inf.
    À CE QUE + subj.
(se consacrer avec ardeur)

S'ATTACHER À + nom/inf.
    À CE QUE + subj.
(fidélité au but)

Tout contribuait à désigner cette femme comme coupable, alors
l'avocat s'est employé, deux heures durant, à démontrer son
innocence/à la démonstration de son innocence.

Notre magazine s'est toujours attaché à promouvoir une image
de la femme moderne fidèle à la réalité.
Notre magazine s'est toujours attaché à ce que l'image de
la femme moderne que nous promouvons soit fidèle à la
réalité.

S'APPLIQUER À + nom + inf. **À CE QUE** + subj. (avec application et méthode)	*L'homme moderne **s'applique à la** destruction progressive de l'équilibre écologique.*
TRAVAILLER À + nom + inf. **À CE QUE** + subj. (effort de longue haleine)	*La Ve République a beaucoup **travaillé à la** décentralisation administrative de la France.* *... **à** décentraliser l'administration française,* *... **à ce que** l'administration française soit décentralisée.*

But + idée d'effort mais avec incertitude sur le résultat

S'EFFORCER DE + inf. **TÂCHER DE** + inf. (faire son possible pour) **TENTER DE** + inf. (essayer de)	*En 1975, le Français Guy Drut **a tenté de** franchir le 110 m haies en moins de 14 secondes : il a fait 13"28.* *Ex-champion du monde, il **tenta** de reconquérir son titre, mais, au 3e round, son manager dut jeter l'éponge.*

But + idée d'effort intense

S'INGÉNIER À + inf. (utiliser toute son habileté pour...) **S'ÉVERTUER À** + inf. (persévérer dans l'effort) **S'ACHARNER À** + inf. (persévérer avec opiniâtreté)	*« Chaque fois que j'émets un avis dans une réunion, on dirait qu'il **s'ingénie** à me contredire, pour le plaisir ! »* *« Au feu rouge. En stoppant, le petit homme avait calé son moteur et **s'évertuait** en vain à lui redonner souffle. »* (Camus, La Chute.)

Le langage familier emploie quelques verbes imagés

S'ESCRIMER À + inf. (faire des efforts comme quelqu'un qui se bat maladroitement avec une épée) **S'ESQUINTER À** + inf. (faire des efforts au point de se vider de toute son énergie) **S'ÉCHINER À** + inf. **S'ÉREINTER À** + inf. **SE DÉCARCASSER À** + inf. **SE TUER À** + inf.	*« Tu **t'esquintes** la santé à faire plaisir aux gens. Résultat : on te tourne le dos dès que tu as le malheur de demander le moindre petit service ! »* *« Il s'était **échiné** à retaper sa maison. Et vlan ! À peine il l'a eu finie qu'un incendie l'a complètement détruite. »* *« Il **s'est décarcassé** à préparer un vrai cassoulet et, finalement, ils l'ont même pas apprécié ! »*

Le but est précis

SE PROPOSER DE + inf. (se fixer à soi-même un but)
VISER + nom (avoir pour objectif)
VISER À + nom/inf. (rechercher avec précision)

« *Le bonheur, c'est important!* **Nous nous proposons de** *vous aider à mieux vivre votre retraite.* » (Publicité pour une assurance.)

« *Si nous voulons être compétitifs, nous devons déjà* **viser** *l'an 2000.* » (Interview d'un directeur des ventes.)

Le terrorisme **vise à la** *déstabilisation des démocraties occidentales. (Sujet inanimé.)*
... **vise à** *déstabiliser...*

De la demande à la convoitise

POSTULER + nom (poser sa candidature)
SOLLICITER + nom (adresser une requête)
BRIGUER + nom (rechercher ardemment)
AMBITIONNER + nom DE + inf. (rechercher avec ambition)
CONVOITER + nom (rechercher la possession de...)

A la suite d'une annonce, il a postulé un emploi de chef de rayon à la Samaritaine.

Il y a des mois qu'il a sollicité un entretien auprès du Ministre.

Rénovateur de la chanson française, Charles Trenet **a brigué,** *mais vainement, un siège à l'Académie Française.*

« *Depuis des années que ce jeune danseur* **ambitionnait** *le titre envié de danseur-étoile, c'est à présent chose faite.* » (Coupure de presse.)
... **ambitionnait de** *devenir...*

Dans ce film de Pagnol, le jeune berger **convoite** *la femme du boulanger et parvient à ses fins.*

Prétentions et revendications

SE FAIRE FORT DE + inf. (se dire capable d'obtenir un résultat)
RÉCLAMER + nom + QUE + subj.
REVENDIQUER + nom
PRÉTENDRE À + nom (proclamer ses droits, réels ou non)

(fort : invariable).

Au Festival de la Magie, le public était sceptique... l'hypnotiseur **se faisait fort** *d'endormir les spectateurs qui monteraient sur scène... le pire, c'est qu'il y est arrivé!*

Pour calmer les débats, un député **a réclamé** *une suspension de séance;*
... **a réclamé** *que l'on suspende la séance.*

Qui sait qu'en cette fin du xxe siècle plusieurs princes **prétendent** *encore au trône de France?*

Le but est d'éviter

ÉVITER DE + inf. ... QUE + ne (explétif) + subj.
EMPÊCHER (qqn) DE + inf. ... QUE... ne (explétif) + subj. (faire en sorte de/que... ne... pas...)

Les manifestants **ont évité de** *se heurter aux forces de police.*
= ont fait en sorte de ne pas se heurter aux...

Les banques centrales américaines **ont empêché que** *le dollar ne s'effondre.*

Le but est de s'imposer un refus à soi-même

SE GARDER DE + inf./nom

S'INTERDIRE DE + inf.

SE REFUSER À + inf.
À + nom

De manière à ne pas gâcher la joie de son mari, elle se gardait bien de parler des inconvénients que comportait sa récente promotion.

En France, un certain nombre de médecins se refusent à pratiquer l'Interruption Volontaire de Grossesse.

Le but est plus ou moins un idéal

POURSUIVRE + nom

ASPIRER À + nom/inf.

RÊVER DE + nom/inf.

Toutes les sectes poursuivent un idéal d'amour et de fraternité universelle.

La retraite est normalement destinée à ceux qui aspirent au calme et au repos.

Flora Tristan rêvait d'une société où hommes et femmes seraient sur un pied d'égalité.

Le but est atteint

ACCÉDER À + nom

ATTEINDRE + nom

PARVENIR À + nom/inf.

Après avoir été battu aux élections présidentielles de 1965 et de 1974, François Mitterrand a enfin accédé à la présidence de la République en mai 1981.

IV - EXPRESSIONS ET PROVERBES

Expressions

AVOIR
AFFICHER DES PRÉTENTIONS À

Viser un but au-dessus de ses moyens.
Monsieur Jourdain, le « Bourgeois Gentilhomme » de Molière, affichait des prétentions grotesques à la noblesse.

N'AVOIR DE CESSE QUE... NE...
(L.S.)   + subj.

Agir sans relâche jusqu'à atteindre son but.
Colomba dit à son frère Orso qu'elle n'aurait de cesse que leur père ne fût vengé. (D'après Mérimée.)

AVOIR DES VELLÉITÉS DE	Manifester une volonté hésitante. *On coupa court aux velléités d'indépendance des habitants de l'île par une répression sanglante.*
AVOIR DES VISÉES DES VUES SUR	Convoiter. *Il y a des années que ce paysan a des vues sur le champ de son voisin mais celui-ci n'est pas du tout décidé à s'en déposséder.*
AVOIR SOIF DE	Éprouver une aspiration passionnée... de liberté, d'amour, de justice. *Cet enfant a d'autant plus soif de tendresse que ses parents sont séparés.*
ÊTRE AVIDE DE	Éprouver, manifester un besoin sans limites... d'argent, de justice, de liberté, de sensations. *Les cascadeurs sont des gens toujours avides de sensations et de risques nouveaux.*
FAIRE EN SORTE QUE	*Les services secrets ont fait en sorte que le voyage éclair du Président se déroule de façon aussi discrète que possible.*
FAIRE TOUT SON POSSIBLE POUR (QUE)/L'IMPOSSIBLE POUR (QUE)	*« Le garagiste m'a dit qu'il ferait tout son possible pour que ma voiture soit prête à temps. »*
JETER SON DÉVOLU SUR (L.S.) FIXER SON CHOIX SUR	Fixer son choix sur *Dès le jour où il l'eut rencontrée au bal, on comprit au village qu'il avait une fois pour toutes jeté son dévolu sur elle.*
MENER À BIEN/À TERME	*Il se demandait s'il aurait la force de mener à bien cette tâche formidable.*

Proverbes

Il ne faut pas vouloir courir 2 lièvres à la fois.
(Poursuivre 2 buts à la fois.)

Tous les chemins mènent à Rome.
(Les moyens peuvent être multiples pour arriver au même but.)

Qui veut la fin, veut les moyens.

Faire des châteaux en Espagne.
(Élaborer des projets utopiques.)

« Il n'est pas nécessaire d'espérer pour entreprendre ni de réussir pour persévérer. »

CONDITION - HYPOTHÈSE

SYNTAXE

– Définitions et tableau simplifié des concordances.

Sensibilisation : Cahier d'exercices 2 – Ex. 1

I - CONJONCTIONS

– *Si* de condition
  d'hypothèse
Cahier d'exercices 2 – Ex. 2

Variations autour de si
Si... et que/.../même si/...
.../si ce n'était.
Cahier d'exercices 2 – Ex. 3

Autres conjonctions de condition
• À valeur générale : à condition que...
• À valeur nuancée :
  Condition nécessaire : pourvu que.
  Condition minimale : pour peu que.
  Condition avec incrédulité : si tant est que.
  Condition avec/sans réserve : pour autant que/.../dans la mesure où.
Cahier d'exercices 2 – Ex. 4
Cahier d'exercices 2 – Ex. 5

Autres conjonctions d'hypothèse
• Hypothèse choisie par le locuteur :
  à supposer que/.../en admettant que.
• Hypothèse ne dépendant pas du locuteur :
  au cas où/.../des fois que.
Cahier d'exercices 2 – Ex. 6

L'alternative
• Avec conséquences variables :
  suivant que ; selon que.
• Avec une même conséquence :
  soit que... soit que...

Conditions ou hypothèses inverses
• Autrement/.../à moins que (ne).
Cahier d'exercices 2 – Ex. 7

II - PRÉPOSITIONS

+ infinitif : à/.../au risque de.
+ nom : avec/.../sous réserve de.

Cahier d'exercices 2 – Ex. 3

III - AUTRES MOYENS

• Tournures simples.
  a) Condition - *b*) Hypothèse.

• Tournures complexes.
Cahier d'exercices 2 – Ex. 8

LEXIQUE

I - NOMS

- À valeur générale :
supposition ;
hypothèse.

- À valeur nuancée :
possibilité... pronostic.
Cahier d'exercices 2 — Ex. 9

II - VERBES

- Hypothèse simple :
supposer/.../conjecturer.
- Hypothèse vague :
pressentir/.../pronostiquer.
- Hypothèse par intuition :
deviner/.../subodorer.

- Hypothèse probable :
présumer/.../se douter.
- Hypothèse se basant sur des signes :
augurer/.../présager.
- Hypothèse se basant sur des indices :
soupçonner, suspecter.
Cahier d'exercices 2 — Ex. 10

III - ADJECTIFS

- Hypothèse probable :
éventuel/.../plausible.
- Hypothèse improbable :
incertain/.../problématique.

- Synthèse sur la probabilité.
Cahier d'exercices 2 — Ex. 11

IV - EXPRESSIONS ET PROVERBES

Synthèse sur le dossier :
Cahier d'exercices 2 — Ex. 12

Cahier d'exercices 2 — Ex. 13

Syntaxe

I - DÉFINITIONS

1) LA CONDITION

On affirme que si un fait s'est réalisé   il en est découlé une conséquence

Si tu es venu,   *tu as fait sans doute la connaissance de mes parents,*

Si tu as terminé ton travail à temps,   il pourra en découler une conséquence
nous pourrons sortir ensemble,

Si un fait va se réaliser   il en découlera une ou plusieurs conséquences

Si tu viens,   *tu feras la connaissance de mes parents,*

il pourra en découler une ou plusieurs conséquences
tu feras sans doute la connaissance de mes parents,

il faudra qu'il en découle une ou plusieurs conséquences
n'oublie pas de me rapporter mon livre.

---

2) L'HYPOTHÈSE

On imagine qu'un fait pourrait arriver et les conséquences qui pourraient en découler

Si tu venais,   *tu ferais la connaissance de mes parents,*

ou qu'un fait aurait pu arriver et les conséquences qui auraient pu en découler

Si tu étais venu,   *tu aurais fait la connaissance de mes parents.*

3) TABLEAU SIMPLIFIÉ DES CONCORDANCES

Hypothèse dans le présent ou le futur	Conséquence : actuelle (*a*) ou future (*b*)	
IMPARFAIT : *Si j'avais des vacances en mai,*	*je travaillerais plus en ce moment* (a) *j'irais à la Martinique à ce moment-là* (b).	**CONDITIONNEL PRÉSENT**
Hypothèse dans le passé	Conséquence : passée	
PLUS-QUE-PARFAIT : *Si j'avais eu des vacances en mai,*	*j'aurais loué mes places d'avion dès décembre dernier.*	**CONDITIONNEL PASSÉ**

Le plus important : être attentif aux moments où ont lieu hypothèses et conséquences.

II - ÉTUDE DE « SI »

1) LE « SI » DE CONDITION

TEMPS			TEMPS
PRÉSENT	La *condition* est (1) *actuelle* / (2) *future* / (3) *intemporelle* = chaque fois que.	la *conséquence* est a) *dans l'avenir*	FUTUR
	(1) *Si tu es d'accord,*	*nous partirons tous les deux en Chine l'an prochain.*	
	(2) *Si tu es encore d'accord l'an prochain,*	*nous partirons ensemble en Chine.*	
	(1) *Si tu es d'accord,*	b) *immédiate* *nous partons par le 1ᵉʳ train.*	PRÉSENT
	(3) *Si les enfants sont d'accord,*	c) *habituelle* *nous prenons nos vacances ensemble.*	
	(2) *Si tu es d'accord,*	d) *une demande* *téléphone-moi immédiatement.*	IMPÉRATIF
		e) *éventuelle* dans le futur	CONDITIONNEL PRÉSENT
	(1) *Si tu es d'accord,*	*nous pourrions partir dès dimanche.*	
PRÉSENT PASSIF	(4) *achevée* *Si la pièce est commencée,*	f) *passée* *nous avons manqué le meilleur.*	PASSÉ COMPOSÉ
	Si la pièce est commencée,	g) *considérée comme achevée dans le futur :* c'est une anticipation. *nous aurons manqué le meilleur.*	FUTUR ANTÉRIEUR
PASSÉ COMPOSÉ	(5) *considérée comme achevée.* Limite de temps indiquée ou pas. *S'il a compris (avant midi),*	a) *je serai entièrement satisfait.* b) et c) *j'arrête généralement mes explications.* d) *demande-lui de refaire la démonstration.* e) *il faudrait que je passe à une autre explication.* g) *j'aurai mis 3 h à lui expliquer.*	FUTUR PRÉSENT IMPÉRATIF CONDITIONNEL FUTUR ANTÉRIEUR

2) LE SI D'HYPOTHÈSE

TEMPS			TEMPS
IMPARFAIT	*L'hypothèse* est (1) *actuelle / habituelle* (2) *future* (3) *habituelle dans le passé.* (1) *Si j'avais ma carte de crédit,*	*la conséquence* est a) *actuelle* *je t'offrirais cette robe.*	CONDITIONNEL PRÉSENT
	(2) *Demain, si j'avais sur moi ma carte de crédit,*	b) *future* *nous commanderions la voiture dont tu rêves.*	
	(3) *Généralement, si j'avais sur moi ma carte de crédit,*	c) *habituelle et parfois immédiate* *j'achetais tout ce qui me passait par la tête.*	IMPARFAIT
	(1) *Si je n'avais pas mon compte à découvert,*	d) *passée* *je t'aurais offert ce collier qui te plaisait tant.*	CONDITIONNEL PASSÉ
	(2) *Si j'avais demain ma carte de crédit,*	e) *souhaitée* *fais-toi offrir tout ce dont tu as envie.*	IMPÉRATIF
PLUS-QUE-PARFAIT	(1) *passée /* (2) *passée et habituelle* (1) *Si la région n'avait pas essuyé une telle tempête,*	a) *passée* *elle n'aurait pas été déclarée sinistrée, l'an dernier.*	CONDITIONNEL PASSÉ
		b) *contemporaine du locuteur* *elle ne serait pas, aujourd'hui, déclarée sinistrée.*	CONDITIONNEL PRÉSENT
	(2) *Si les enfants avaient achevé leurs devoirs,*	c) *habituelle dans le passé* *ils pouvaient aller regarder la télévision.*	IMPARFAIT
		d) *immédiate ou très probable* *ils couraient regarder leur programme à la télévision.*	
PLUS-QUE-PARFAIT DU SUBJONCTIF	*Si le Président eût fait intervenir l'armée,*	a) *passée* *il eût payé de sa vie sa décision.* *il aurait payé de sa vie...*	CONDITIONNEL PASSÉ (2ᵉ ou 1ʳᵉ forme)
		b) *immédiate et très probable dans le passé* *il payait de sa vie sa décision.*	IMPARFAIT
		c) *actuelle* *il le regretterait amèrement.*	CONDITIONNEL PRÉSENT

3) VARIATIONS AUTOUR DE SI

FORME	TEMPS	SENS	*EXEMPLES*
JAMAIS PAR HASARD } hasard SI PAR MALHEUR crainte PAR BONHEUR } PAR CHANCE souhait SEULEMENT } regret	concordance normale de SI	Hypothèses ou Conditions improbables	**Si jamais** *il téléphonait, passe-moi la communication.* **Si par malheur** *il lui est arrivé un accident je ne pourrai même pas prévenir sa famille.* **Si par bonheur** *je suis reçu à mon concours, j'organiserai une petite fête.* **Si seulement** *je pouvais réussir l'écrit de mon examen!* **Si seulement** *tu étais arrivé cinq minutes plus tôt!*
SI... ET QUE...	Subjonctif	Double hypothèse ou condition	**Si** *le soleil revient et **que** le mistral * ne se remette pas à souffler, nous pourrons à nouveau jouer au tennis.* ** Vent soufflant dans le sud de la France.* **S'il eût rapporté** *des faits accablants **et que** l'on ne **pût** les mettre en doute, mon journal les aurait révélés. (L.S.)*
'SI... ET SI...	concordance normale de SI		*« **Si** j'ai fait une erreur et/ou **si** vous croyez que j'ai commis une malhonnêteté, dites-le-moi! » (forme plus insistante).*
ET SI...	Imparfait	Proposition simple ou proposition d'alternative	**Et si** *nous allions faire un tour?* *Un petit dîner en amoureux, ça te dirait?* **Et si** *on allait plutôt voir le dernier film de Lelouch?*
SINON	Indicatif ou Conditionnel	Condition ou Hypothèse inverses	**Si** *tu **veux** un bon conseil, change d'orientation; **sinon** tu vas devenir un raté!* *Son mari allait lui chercher des croissants pour son petit déjeuner, **sinon** elle s'en **passait** (habitude).* *S'il arrivait dans cinq minutes, on prendrait l'apéritif avec lui, **sinon** on le **ferait** sans lui.*
SI CE N'EST + adverbe SI CE N'ÉTAI(EN)T + nom	concordance normale de SI	Hypothèse négative = sinon	*Depuis sa maladie, il paraît avoir 70 ans, **si ce n'est plus**.* **Si ce n'étaient** *mes dettes, il y a belle lurette que je ne travaillerais plus. (L.S.)*
MÊME SI SAUF SI	concordance normale de SI	Hypothèse + Opposition Hypothèse + Restriction	**Même si** *tu as du mérite, le résultat obtenu **est** loin d'être satisfaisant.* **Même s'il** *m'avait offert une fortune, j'aurais refusé de commettre un tel méfait.* *Nous ferons une randonnée à cheval. **Sauf s'il** { pleuvait / pleut } à verse, évidemment!*
COMME SI	Concordance du SI d'hypothèse	Hypothèse et Comparaison	*Il a assisté à la cérémonie de mariage **comme s'il** avait consenti à cette union.*

III - CONJONCTIONS

1) LA CONDITION

À CONDITION QUE...
À LA (SEULE) CONDITION QUE...   (plus insistant)
... À UNE (SEULE) CONDITION,   C'EST QUE...   : QUE... (L.S.)
SOUS LA CONDITION QUE...   (langue écrite et juridique/   souvent utilisée dans les clauses   de contrat)   + Subj.

Je participerai au match à condition que je ne me ressente plus de ma tendinite.

On te redonnera ton argent de poche à une seule condition, c'est que tu nè te ronges plus les ongles.

On lui redonnerait son argent de poche à une condition : qu'il ne se rongeât plus les ongles.

Votre permis de construire vous est accordé sous la condition que votre villa soit conforme au type d'habitation de la région.

Les nuances

Condition nécessaire : dans la phrase ou *en tête* de phrase
(= mise en relief).

POURVU QUE   + Subj.

Vous pouvez voter $\left\{ \begin{array}{l} \textit{pourvu que} \\ \textit{à condition que} \end{array} \right\}$ *vous ayez 18 ans.*

ou

Pourvu que vous ayez 18 ans accomplis, vous pouvez voter.

Condition souhaitée : en tête de phrase seulement.

Pourvu qu'il finisse ses jours en paix, le reste est peu de chose.
Pourvu qu'il finisse ses jours en paix ! (souhait pur et simple).

Condition minimale suffisante avec conséquence probable

POUR PEU QUE   + Subj.

(= Il suffit que les loyers augmentent pour que nous soyons obligés...)

Pour peu que les loyers augmentent encore, nous serons obligés de quitter cet appartement / nous serions...
(= Il suffit que les loyers augmentent encore pour que nous soyons obligés...)

Condition avec incrédulité chez le locuteur.

Généralement placée en fin de raisonnement ou entre parenthèses au cours du raisonnement.

SI TANT EST QUE (L.S.)   + Subj.

Il pourrait vivre largement $\begin{cases} \textbf{si tant est } qu'il\ veuille \\ s'il\ voulait\ vraiment \end{cases}$ *renoncer à jouer aux courses.*

À condition qu'il fasse preuve de volonté, **si tant est** qu'il ait *de la volonté, il parviendra à ses fins.*

Condition avec réserve de la part du locuteur. (Point de vue subjectif.)

POUR AUTANT QUE   (= sous réserve que)   + Subj.

Pour autant que je $\begin{cases} sache, \\ m'en\ souvienne, \end{cases}$ *Scott Fitzgerald a habité l'hôtel Ritz, place Vendôme.*

Nous sommes disposés à éditer votre ouvrage **sous réserve que** *nous en ayons les moyens.*

Condition sans réserve de la part du locuteur. (Point de vue objectif.)

POUR AUTANT QUE   DANS LA MESURE OÙ   (langage plus simple)   + Ind.

Ce roman me semble excellent $\begin{cases} \textbf{pour autant que,} \\ \textbf{dans la mesure où} moi, \end{cases}$ *critique littéraire, je peux en juger.*

A comparer avec *pour autant que, moi simple lecteur, je puisse en juger.*

Dans la mesure où nous aurons recueilli les fonds nécessaires, nous pourrons faire démarrer notre projet d'aide médicale.

Équivalents de « à condition que ».

POUR AUTANT QUE   DANS LA MESURE OÙ   + Cond.

La paix universelle est chose possible **pour autant que** *les nations fortes* **voudraient** *l'envisager.*

Nous pourrons arriver à l'heure... **dans la mesure où** *tu* **consentirais** *à te dépêcher.*

2) L'HYPOTHÈSE

L'hypothèse est choisie par le locuteur

> À SUPPOSER (même)
> EN SUPPOSANT (même)
> SUPPOSÉ (même) QUE
> +
> subj.
> (Une) SUPPOSITION (L.F.)

À supposer que je fasse cette démarche, il faudrait attendre plusieurs jours pour savoir si elle aboutira.

En supposant même que tu fasses des heures supplémentaires, tu ne pourras jamais t'offrir cette voiture, elle est hors de prix.

Supposé même que cette canicule cesse maintenant, il serait de toute façon trop tard pour sauver certaines récoltes.

« (Une) supposition que vous ayez un pépin *, n'hésitez pas à faire appel à moi ! »
* des difficultés.

> EN ADMETTANT (même) QUE
> + subj.

En admettant même que nous nous dépêchions, notre projet ne sera jamais prêt pour l'exposition.

L'hypothèse ne dépend pas du locuteur

> AU CAS OÙ
>
> DANS LE CAS OÙ
> (plus insistant)
>
> POUR LE CAS OÙ
> (plus incertain et recherché)
> + Cond.

« Au cas où tu changerais d'avis, préviens-moi assez tôt que j'agisse en conséquence. »

« Dans le cas où vous voudriez nous voir cet été, voici nos coordonnées pour juillet et août. »

« Pour le cas où ils envisageraient une action en justice, je lui communiquerais le nom d'un excellent avocat. »

> DANS L'HYPOTHÈSE OÙ
> (hypothèse peu crédible)
> (L.S.)
> + Cond.

Dans l'hypothèse où la France de demain serait une grande masse urbaine enserrant des zones d'agriculture industrialisées, nos maigres parcs nationaux ne pourraient empêcher un grave dérèglement écologique.

> DES FOIS QUE
> (= si par hasard) (L.F.)
> + Cond.

« Des fois que vous voudriez me parler ? » (J.-P. Sartre.)

« Des fois que tu voudrais te mesurer à moi *, fais gaffe * : je suis ceinture noire en karaté ! » (* te battre, fais attention).

L'alternative
Du choix des suppositions découlent des conséquences variables

```
                    ┌        ┐ ┌ QUE + ┌  ind.            ┐
SUIVANT QUE       ┌ │ indic. │ │       └  cond.  ┐        │
            +     │ │ cond.  │ │                  │ ind.  │
SELON QUE         └ │        │ │ ou                       │  ,
                    └        ┘ │ NON             │        │
                              └ PAS (L.F.)       ┘ cond.  ┘
```

Attention : bien respecter l'ordre des suppositions (1 - 2) et de leurs conséquences respectives (1 - 2).

+ Indic.

Les alternatives reposent sur *des faits vraisemblables.*

Selon que de nouvelles commandes arriveront (1) ou que le carnet de commandes restera vide (2), le chantier naval continuera à produire (1) ou fermera ses portes (2).

ou sur *des faits habituels.*

A Fontainebleau, le week-end, suivant qu'il fait beau (1) ou qu'il pleut (2), nous faisons une grande randonnée pédestre (1) ou des parties de bridge sans fin (2).

+ Condit.

Les alternatives reposent sur *des faits moins vraisemblables et incertains.*

Selon que la voile hissée serait blanche ou noire, Yseult
$\qquad\qquad\qquad\qquad\qquad$ (1) $\qquad\qquad$ (2)
reviendrait ou ne reviendrait pas à Tristan.
$\quad$ (1) $\qquad\qquad\qquad$ (2)

« La France répondra aussi à ce que l'Afrique lui dira, suivant que l'Afrique décidera de s'associer à elle, ou suivant que, selon une hypothèse que je rejette absolument, elle refuserait à le faire. » (De Gaulle.)

Quelles que soient les suppositions, la conséquence reste la même

```
                            ┌ SOIT QUE ┐
SOIT QUE...   + subj.   ,   │ OU QUE   │ + subj., + ind.
                            └          ┘

                            ┌ (QUE) + subj. ┐
QUE + subj.   OU            │ NON           │ + indic.
                            └ PAS (L.F.)    ┘
```

« Soit que vous désiriez un prêt à court terme, soit que vous préfériez hypothéquer votre appartement, notre banque pourra toujours vous proposer un accommodement. »

« *Que je veille ou que je dorme, que j'écrive ou que je bricole, je n'arrive pas à oublier mes soucis.* »

« *Que nous allions à Rome ou à Stockholm, il me faut absolument être de retour à Paris le 15 août.* »

« *Que tu acceptes ou* $\begin{Bmatrix} non \\ pas \end{Bmatrix}$ *ma proposition, de toute manière, ma décision est prise ! »*

L'hypothèse ou la condition est inverse ou restrictive

..., AUTREMENT		
..., SANS CELA / QUOI (L.F.)	indic. condit.	= SINON
..., FAUTE DE QUOI		

Si elle s'était réalisée, elle aurait annulé le fait principal.

« *La décision à prendre me paraissait importante, **autrement** je ne serais pas venue.* »

*La police : « Apportez-nous des preuves, **sans cela** nous ne pourrions pas vous croire.* »

« *Faudra venir avec ton vélo, **faute de quoi** tu marcheras pendant que nous roulerons.* »

À MOINS QUE... (NE explétif)... + subj.
= sauf si.../ou alors...

À moins qu'il (ne) se soit trompé dans ses calculs, son expérience va se révéler une grande victoire personnelle. (Sauf s'il s'est trompé.)

— *Tiens, Jean est en retard !*
— *Oui, il a dû rater son train.*
— *À moins qu'il (ne) se soit trompé de jour...*
(= ou alors il s'est trompé de jour).

IV - PRÉPOSITIONS

1) + INFINITIF

À

Même sujet pour les 2 verbes.

= SI

À choisir, je préfèrerais habiter un pavillon plutôt qu'un appartement.
(= si j'avais à choisir)

Cet emploi de *à* est limité à un petit nombre d'expressions :

ironique et sceptique
- À l'entendre À le voir, à le regarder
- À le croire   À en juger (par)
- À l'écouter   ...

> Dans les expressions à caractère indéfini, le sujet des 2 verbes peut être différent.

À l'entendre, le pays serait au bord de la guerre civile ! (Si on l'écoutait.)

À CONDITION DE

Je suis d'accord pour faire l'ascension de cette montagne, à condition de pouvoir m'entraîner un peu avant.

FAUTE DE
À DÉFAUT DE

= Si... ne... pas...
et on propose une alternative.

Faute de pouvoir me rendre à la réunion, je vous adresserai une procuration.

À défaut de pouvoir assister à la réunion, adressez-nous une procuration.

À MOINS DE

= Sauf si.

À moins d'être un génie de l'informatique, il est quasiment impossible de violer cet ordinateur.

QUITTE À
AU RISQUE DE

= Même si.

On dit les Français politiquement versatiles : un jour, ils encensent leurs hommes politiques, quitte à les traîner dans la boue le lendemain.

Au risque d'être condamné, Zola prit parti publiquement pour Dreyfus dans son célèbre article : « J'accuse ! »

2) + NOM

<table>
<tr><td>AVEC

MOYENNANT</td><td>= *Si* ou *à condition* + idée de *moyen*.

Avec un visa, vous n'au*rie*z pas eu tant de démêlés adminis-tratifs ! (= *Si vous aviez eu...*)

Moyennant une somme rondelette, l'ancien trafiquant **aurait accepté** de révéler à la police le nom de ses complices. (*Si on lui avait versé une somme.*)</td></tr>
</table>

> La proposition principale est essentiellement au futur et au conditionnel : ne pas confondre avec la cause.

<table>
<tr><td>EN CAS DE</td><td>= *Au cas où*.

En cas de perte de (votre) chéquier, faites immédiatement opposition auprès de votre banque.
(*Au cas où vous perdriez...*)</td></tr>
</table>

= *Si... ne... pas.*

<table>
<tr><td>SANS
(hypothèse négative
+ idée de moyen)</td><td>*Sans but* marqué, les 2 équipes auraient été obligées de rejouer le match.
(*Si elles n'avaient pas marqué de but.*)</td></tr>
<tr><td>EN L'ABSENCE DE</td><td rowspan="2">*En l'absence de* tout alibi, vous serez sans nul doute consi-déré comme le suspect n° 1.
(*Si vous n'avez pas.*)

« *Faute de* preuve, nous en fabriquerons une si besoin est ! »
(*Si nous n'avons pas de preuve.*)</td></tr>
<tr><td>FAUTE DE</td></tr>
<tr><td>À DÉFAUT DE
(hypothèse négative
+ idée de substitution)</td><td>*À défaut de* champagne, vous pourriez servir du Vouvray.</td></tr>
<tr><td>SAUF
(cette éventualité mise à part)</td><td rowspan="2">*Sauf erreur*
À moins d'une erreur de notre part, votre compte est à décou-vert depuis plusieurs semaines.
(*Si nous n'avons pas commis d'erreur.*)</td></tr>
<tr><td>À MOINS D'UN
UNE</td></tr>
<tr><td>SOUS RÉSERVE DE</td><td>= *Si... ne... pas.*

Sous réserve du droit de préemption de la Bibliothèque Natio-nale, ce manuscrit inédit de Malraux a de grandes chances d'être racheté par ce collectionneur parisien. (*Si la B.N. n'uti-lise pas...*)</td></tr>
</table>

> *En cas de* n'est jamais suivi d'un déterminant.
> *Sans* − *À défaut de* − *Sauf*, par leur caractère négatif, ne prennent de déterminant que si leur complément est précisé.

> Ex. : Sans but marqué − Sans *ce/un/mon* but marqué à la dernière minute...

V - AUTRES MOYENS

1) CONDITION

Tournures simples

> Gérondif/futur
> (= avec + nom)

La condition est liée au moyen.
Même sujet pour les 2 verbes.

En diversifiant ses produits, notre Société sera plus compétitive.
= Avec des produits plus diversifiés...

En faisant preuve d'un peu de bonne volonté, patrons et ouvriers finiront par aboutir à un accord.
= Avec un peu de bonne volonté...

> Présent $\left\{ \begin{array}{c} ET \\ , \end{array} \right.$ + $\left\{ \begin{array}{l} présent \\ futur \end{array} \right.$

Pour exprimer avec plus d'impact une condition suffisante.

*« Tu lui fais la moindre observation, il t'envoie balader * ! »*
* envoyer balader : refuser d'écouter quelqu'un.

> Expression de quantité
> et ellipse du verbe + ET
> + $\left\{ \begin{array}{l} présent \\ futur \end{array} \right.$

Pour exprimer avec plus d'impact une condition minimale.

« Un penalty et le match est perdu pour nous ! »
= Il suffit d'un... pour que le match soit perdu.

« Une seule bonne réponse et vous emportez cette magnifique chaîne stéréo. » (Jeu télévisé.)
= Pour peu que vous donniez une bonne réponse... vous emporterez...

Deux verres de vin et il est ivre-mort.

Encore une insolence et $\left\{ \begin{array}{l} je\ vous\ flanque \\ je\ vous\ mets \end{array} \right\}$ *dehors !*

Pour convaincre

> Impératif + ET + futur

« Sachez vous montrer disponible, naturelle, souriante et votre rayonnement en sera accru. » (Magazine féminin.)

Bois un peu moins de café le soir et tu verras que le sommeil reviendra.

Parfois par défi et par ironie

Continue à faire des chèques sans provision et tu verras si on t'accordera encore longtemps des chéquiers.

Pour pousser l'autre à agir selon ses désirs (fréquent dans la publicité)

Interrogative +	**locution de** **conséquence** + impératif **(alors, dans ce cas...)**

Tu veux qu'on te respecte? Eh bien! respecte aussi les autres.
Le reggae *, ça vous branche **? — apprenez en une leçon!
(Publicité.)
* danse de la Jamaïque.
**ça vous plaît (expression à la mode).

2) HYPOTHÈSE

Tournures simples

L'hypothèse est liée au moyen

Gérondif, condititionnel (= avec + nom)

En faisant preuve d'un peu de jugeote *, il ne se serait pas laissé prendre.
= Avec un peu de jugeote...
* bon sens.

Conditionnel   et   Conditionnel (hypothèse)   ,   (conséquence)

*Ce film **aurait (eu)** une publicité moins tapageuse, il { passerait / serait passé } complètement inaperçu.*
= Si ce film avait/avait eu...

***Tu m'aurais écrit** au moins une fois pendant les vacances, ça ne t'aurait pas tué!*
= Si tu m'avais écrit...

Relative au condit., cond.

Dans des expressions sentencieuses ou stéréotypées.

*Un Français **qui n'apprécierait pas** la bonne cuisine, ne **serait** pas un vrai Français!*

Probabilité plus grande avec le conditionnel

Expression de quantité et ellipse + du verbe	{ et } { , }	imparfait + conditionnel

= Il suffisait, il aurait suffi que, il avait suffi.

*Une heure **plus tôt**, les médecins { le sauvaient (certitude). / l'auraient sauvé (probabilité). }*

(Il suffisait que les médecins interviennent une heure plus tôt pour qu'ils le sauvent.)

Le concert d'hier soir? — ne m'en parlez pas! Une minute de plus et je m'endormais.

*Quelques répétitions **supplémentaires** et l'interprétation de cette pièce eût été parfaite.*

Mise en garde — dissuasion

Impératif négatif, + conditionnel

***Ne vous attendez pas** à un film palpitant, **vous seriez déçu**.*
(Si vous vous attendiez à un film palpitant, vous seriez déçu.)

***N'oubliez pas** votre clé, **vous risqueriez** d'être à la porte.*

Participe passé, + conditionnel (même sujet pour les 2 verbes)

***Conseillé** par un bon spécialiste, il aurait pu éviter une intervention chirurgicale.*

Apposition au sujet + conditionnel

Adjectif au comparatif.

***Plus convaincant**, il aurait eu un indice d'écoute bien meilleur. (À propos d'un homme politique passé à la télévision.)*

***Plus aimable**, il s'attirerait moins d'inimitiés.*

Nom sans article.

***Président**, il aurait commencé par décréter la semaine de 35 heures!*

3) CONDITION ET HYPOTHÈSE

Tournures complexes

Verbe de mouvement au subjonctif présent	+	inversion du sujet +	ET ,	+	présent futur conditionnel

Pour une condition ou une hypothèse se présentant à l'improviste.
Procédé utilisé essentiellement avec les verbes de mouvement.

***Survienne** une inondation et tous les champs se retrouvent sous l'eau.*

« *Tombe* la neige, tu ne viendras pas ce soir. » (Chanson d'Adamo.)

Éclate un incendie, toute une partie de la ville s'embraserait.

Survienne une crue de la rivière, les champs seraient totalement inondés.

Inversion ou redoublement	du sujet +	{ QUE, ET } +	{ présent futur imparfait conditionnel }

Pour une condition ou une hypothèse suffisante, habituelle.

Reste-t-il une heure au soleil *qu'il* devient rouge comme une écrevisse.
(= Il suffit qu'il reste...)

« Le colonel *fait-il* la plus petite observation, le général l'accable d'invectives. » (G. Duhamel.)
(= Chaque fois que le colonel fait...)

« *Allait-elle* travailler, tout était prêt : Chouchou n'avait que le mal d'enfiler ses mules et de se mettre à table pour le petit déjeuner. » (Y. Queffelec.)
(= Au cas où et à chaque fois qu'elle allait...)

« *Partirais-je* et tu resplendirais à nouveau. » (Y. Queffelec)
(= Il suffirait que je parte pour que tu resplendisses.)

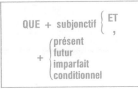

Sujet à la 3e personne du singulier ou pluriel.
Pour une condition ou une hypothèse éventuelle, nécessaire ou prioritaire.

Que la vie politique *connaisse* quelques remous *et* aussitôt la Bourse s'agite/s'agiterait.

« *Qu'il* fasse ses preuves d'abord { et , } on lui confiera des responsabilités après ! »

Que la neige vienne à tomber et les pistes *seraient/étaient* à nouveau prises d'assaut.

4) HYPOTHÈSE — EXPRESSION FIGÉE

N'ÉTAIT N'EÛT ÉTÉ } + sujet, + cond.
(= si ce n'était, s'il n'y avait pas)

N'étaient les battements réguliers de l'artère du cou, on l'aurait cru mort.

N'eût été le sang-froid du capitaine, le bateau aurait coulé avec tous ses passagers.

Lexique

1) À VALEUR GÉNÉRALE

SUPPOSITION (une)

HYPOTHÈSE (une)

« *Mon fils a du retard. Je suis inquiète, c'est vrai. Mais je ne veux pas me laisser aller à des* **suppositions** *alarmistes.* »

Les économistes se lancèrent dans les **hypothèses** *les plus contradictoires pour trouver des solutions à la relance économique.*

2) À VALEUR NUANCÉE

Hypothèse considérée comme pouvant se réaliser

POSSIBILITÉ (une)

ÉVENTUALITÉ (une)
(L.S.)

CAS (un)
(une hypothèse parmi d'autres)
Exp. = LE CAS ÉCHÉANT
= si l'occasion se présentait

ALTERNATIVE (une)
(choix entre deux cas,
deux hypothèses)

Elle voulait bien faire le tour du monde avec lui, mais elle se réservait la **possibilité** *de rentrer à tout moment en France.*

Malgré un service d'ordre très renforcé, **l'éventualité** *d'un attentat était toujours à redouter.*

Le refus catégorique de ses parents était **un cas** *auquel elle n'avait pas du tout pensé.*

Des risques d'incendie ne sont pas exclus. **Le cas échéant,** *brisez la vitre et avertissez les pompiers.*

1969 : en obligeant les Français à répondre par oui ou par non, à son référendum sur la régionalisation, de Gaulle s'était placé face à **l'alternative** *: moderniser la France ou se retirer de la scène politique.*

Hypothèse fondée sur des raisons sérieuses

<table>
<tr>
<td>
PROBABILITÉ (une)

CONJECTURE (une)
(souvent employé au pluriel)
(L.S.)
</td>
<td>
*Possibilité ? Non, c'est une **probabilité** pour tout Parisien qui part en vacances que de voir son appartement cambriolé : plus de 45 000 cas ont été dénombrés en 1985.*

*Depuis le message de détresse, plus rien n'était parvenu à la tour de contrôle, les aiguilleurs du ciel se perdaient en **conjectures**.*
</td>
</tr>
</table>

Hypothèse fondée sur des apparences

<table>
<tr>
<td>
SOUPÇON (un)
(pour des actes condamnables)

PRÉSOMPTION (une)
(L.S.)
(supposition sans preuves)

SUSPICION (une)
(L.S.)
(le fait de tenir pour suspect)

(IN)VRAISEMBLANCE (une)
(chose qui apparaît vraie ou non)
</td>
<td>
*Son attitude et ses habitudes étranges avaient éveillé des **soupçons sur** son honnêteté chez les autres locataires de l'immeuble.*

*« À mon grand regret, j'ai dû relâcher le suspect. Pour preuve, je n'avais que des **présomptions**. »*

*Dans les années 70, une succession de scandales fonciers et financiers créa un climat de **suspicion** à l'égard des hommes politiques.*

*Rien n'était digne de foi dans la version des faits que donna l'accusé ; ce n'était qu'un tissu d'**invraisemblances**.*
</td>
</tr>
</table>

Hypothèse portant seulement sur l'avenir

<table>
<tr>
<td>
PRÉVISION (une)
(surtout au pluriel)

PRONOSTIC (un)
= pari sur l'avenir
</td>
<td>
*Pour certains, les **prévisions** de Nostradamus se sont avérées justes. Il aurait même prédit la 2ᵉ Guerre mondiale.*

*Les **pronostics**, auxquels se sont livrés les fanatiques de football, se sont révélés faux pour la coupe du monde.*
</td>
</tr>
</table>

II - VERBES

1) L'IDÉE D'HYPOTHÈSE

Simple hypothèse sans suite prévisible

<table>
<tr>
<td>
SUPPOSER QUE
IMAGINER QUE   + indic.
</td>
<td>
*Je **suppose** que cette longue randonnée vous a creusé l'appétit.*
</td>
</tr>
</table>

L'hypothèse entraîne, pourrait ou aurait pu entraîner une conséquence exprimée ou non par :

dans ce cas...
alors...
ou la ponctuation.

SUPPOSE, ons, ez   QUE + subj. IMAGINE, ons, ez

Supposez que votre femme apprenne la vérité ; (dans ce cas) que lui direz-vous ?

Imaginons que dans 20 ans on puisse organiser des séjours dans l'espace ; vous seriez partant ?

> À *la forme négative ou interrogative* (pour souligner une hypothèse improbable, le conditionnel peut remplacer le subjonctif).

IMAGINER CONJECTURER (sur + nom) (souvent précédé d'un verbe ou d'une expression impersonnelle)

Je n'imagine pas qu'il   pourrait me faire un coup pareil !
                          puisse

Est-ce que vous imaginez le scandale que ça provoquerait, la suppression de certaines zones piétonnières ?

Il est difficile de conjecturer sur l'avenir.

2) HYPOTHÈSE VAGUE

PRESSENTIR { QUE + indicatif
          { + nom
 	
PRÉVOIR { QUE + indicatif
       { + nom
 	
PRÉSAGER { QUE
       { (de) + nom
(souvent précédé de « laisser »)
 	
PRONOSTIQUER + nom
(= annoncer d'après des pronostics)

À l'approche de la frontière, je pressentais que nous allions avoir des difficultés avec la douane.

Les sociologues prévoient { une baisse croissante de la natalité...
{ que la baisse de la natalité ira croissant...

Qui aurait pu présager qu'il mourrait si brutalement ?/une mort si brutale ?

Il est facile de pronostiquer l'avenir ; les sociologues ne s'en font pas faute.

Rien ne permettait de pronostiquer la victoire de cette équipe de football.

3) HYPOTHÈSE PAR INTUITION

DEVINER { + nom
        { + qui, ce qui, ce que,
        { quel(le), combien...
(= réussir à connaître par intuition)
 	
FLAIRER + nom
   (= discerner par intuition)
 	
SUBODORER { QUE + indicatif
         { + nom
   (= pressentir)

Il n'est pas facile de deviner sa pensée.
Vous ne devinerez jamais ce qui m'est arrivé ce matin !

Le cambrioleur s'est méfié ; il flairait un piège.

Je subodore qu'il y a anguille sous roche (qu'on me cache quelque chose).

4) HYPOTHÈSE PROBABLE

PRÉSUMER { QUE + { ind.
(L.S.)   { cond.
              { + nom inanimé
(= donner comme probable)

Être PRÉSUMÉ + adj.
(= être donné comme probable)

SE DOUTER { DE + nom   { ind.
          { (de ce) QUE + { cond.
(= considérer comme très probable)

Je présume que vous avez bien réfléchi sur les conséquences de votre refus d'obéissance.

En principe, aux yeux de la Constitution française, tout homme arrêté est présumé innocent.

L'assassin ne se doutait pas que la police l'attendait derrière la porte.

Il a encore fait des siennes* ! Je m'en doutais.
* des bêtises.

5) L'HYPOTHÈSE SE BASE SUR CERTAINS SIGNES

AUGURER (bien ou mal)
de quelque chose
(= annoncer)

PRÉSAGER qqch.
(souvent précédé de LAISSER)
(= annoncer)

Ce train de mesures radicales augure clairement de la volonté du gouvernement de lutter contre le chômage.

Ces nuages à l'horizon laissent présager un orage.

6) L'HYPOTHÈSE SE BASE SUR DES INDICES

SOUPÇONNER { qqn. (DE + { inf.
SUSPECTER   {   { nom
(plus péjoratif) { QUE + { ind.
                 {   { cond.
                 {   { subj. *
* après une proposition interrogative ou négative

Les services secrets le soupçonnaient depuis longtemps d'intelligence avec les pays de l'Est.

Le directeur le soupçonne d'avoir falsifié des devis.

Le gardien de la prison soupçonnait qu'une évasion pourrait se produire pendant la nuit.

Je n'aurais jamais soupçonné qu'un homme si honorablement connu eût une vie privée aussi scandaleuse.

On le suspecte de collaboration pendant la guerre.

Cet homme politique est suspecté d'appartenir à la mafia.

III - ADJECTIFS

INCLUANT L'IDÉE D'HYPOTHÈSE ET DE PROBABILITÉ

> Les adjectifs suivants (à l'exception de *éventuel*) peuvent aussi s'employer dans des expressions commençant par *il est, il paraît, il semble* + QUE + subjonctif ou indicatif. Cf. tableau page 86.

1) QUI PEUT SE RÉALISER

ÉVENTUEL(LE) (qui peut arriver ou non)	*« La police fait appel à toute personne pouvant fournir des renseignements* **éventuels** *sur M. X... disparu le... » (Communiqué diffusé.)*

POSSIBLE CONCEVABLE IMAGINABLE	*En dépit de l'informatisation des données bancaires, une erreur de calcul est toujours* **possible**. *Avec le développement des armes modernes, une guerre sans soldats est désormais* **concevable**.
PROBABLE = qui a de grandes chances d'être vrai	*La généralisation du règlement de vos factures par ordinateur interposé est non seulement possible mais* **probable**.
VRAISEMBLABLE = qui semble vrai	*Le monde décrit par George Orwell en 1938 dans son roman « 1984 » ne paraissait pas* **vraisemblable** *aux lecteurs de l'époque mais la réalité a dépassé la fiction.*
PLAUSIBLE = qui peut être envisagé comme vrai (point de vue défendable)	*Les jurés n'ont pas retenu la thèse de la légitime défense bien qu'elle fût* **plausible** *et même quasi certaine comme l'avait démontré l'avocat.*

2) QUI A PEU DE CHANCES DE SE RÉALISER

ALÉATOIRE = qui dépend du hasard	*Les gains de jeu au casino sont toujours* **aléatoires**.

<table>
<tr><td>

INCERTAIN

DOUTEUX

HYPOTHÉTIQUE

PROBLÉMATIQUE
(dont l'existence, la vérité,
la réussite n'est pas sûre)

</td><td>

*En dépit de la version officielle de l'accident, les circonstances de la disparition de ce navigateur demeurent **incertaines**.*

*Son succès à ce concours paraît d'autant plus **douteux** qu'il a travaillé très insuffisamment.*

Les adverbes *sans doute, peut-être, sûrement, certainement* introduisent l'idée d'*incertitude*.

Mon train arrivera sans doute à midi.
S'il y a certitude on dira : *mon train arrive à midi.*

</td></tr>
</table>

3) DE LA PROBABILITÉ NULLE À LA FORTE PROBABILITÉ

> Il est impossible
> Il n'est pas impossible
> Il est inconcevable
> Il n'est pas inconcevable
> Il est inimaginable
> Il n'est pas inimaginable   QUE + subjonctif
> Il est improbable
> Il n'est pas improbable
> Il est invraisemblable
> Il n'est pas invraisemblable
> Il n'est pas douteux
>
> Nul doute que   (ne (exp.) + subj.
> (toujours en tête + { ind.
>   de phrase)   (cond.

Il est impossible que je vous rende visite cet été : je suis submergé de travail (probabilité nulle).

Il n'est pas impossible que je vous rende visite : j'ai tout mon temps (forte probabilité).

Nul doute que ne vienne/que je viendrai.

4) LA PROBABILITÉ EST CROISSANTE

> Il n'y a guère de chances (pour) que
> Il se peut que
> Il peut se faire que   QU'IL RÉUSSISSE
> Il n'est pas exclu que   + subjonctif
> Il y a des chances (pour) que
> Il y a de grandes (fortes) chances (pour) que

5) UNE ÉVENTUALITÉ PLUS OU MOINS RARE

> Il arrive que   + subj.
> Il n'est pas rare que

Il arrive que l'automne soit plus beau que l'été dans le Bassin parisien.

IV - TABLEAU DE SYNTHÈSE

il est incertain il est douteux il est	assez très tout à fait } douteux	qu'il VIENNE + SUBJ.
il est possible il est	assez très, fort, } possible tout à fait	
il est concevable il est	peu assez très, fort, } concevable tout à fait	
il est imaginable il est	peu tout à fait } imaginable	
il est il est	peu vraisemblable peu plausible	
il est probable — vraisemblable — plausible il est	assez très } plausible tout à fait	qu'il VIENDRA + INDIC.

V - EXPRESSIONS

CONDITION

L.S. une condition *sine qua non* = sans laquelle le but ne peut être atteint

Avoir la nationalité française est la condition sine qua non *pour voter, dans ce pays.*

..., si je puis dire, ..., si j'ose dire, ..., si j'ose m'exprimer ainsi, ... Pour introduire une expression inattendue

La philosophie connaît en France, à l'heure actuelle, si j'ose dire, une période de vaches maigres. = de pauvreté

HYPOTHÈSE

L.F. J'en mettraiS ma main au feu..., à couper..., = affirmer énergiquement
L.F. Il tondrait un œuf! = il est tellement avare qu'il tondrait un œuf s'il le pouvait
L.S. Ce serait bien le diable si... = ce serait vraiment une malchance extraordinaire si...

C'est bien lui le coupable, je le reconnais, j'en mettrais ma main au feu.

Ce serait bien le diable si je ne trouvais pas une armoire normande au marché aux puces.

PROVERBES

• *Avec des si, on pourrait mettre Paris dans une bouteille* = en multipliant les conditions, on pourrait réaliser n'importe quel rêve.

• *Si jeunesse savait, si vieillesse pouvait* = si les jeunes avaient l'expérience, si les personnes âgées avaient la force.

COMPARAISON

– Définition

Comparaison explicite
Sensibilisation : Cahier d'exercices 2 – Ex. 1

I - CONJONCTIONS

Égalité - Similitude
• Comparaison simple : comme.
Cahier d'exercices 2 – Ex. 2
• Comparaison + hypothèse : comme si...
• Comparaison + but : comme pour.
• Comparaison + temps : comme quand/lorsque.
• Comparaison + qualité : aussi; si.
• Comparaison + quantité : autant/.../tant que.
Cahier d'exercices 2 – Ex. 3
• Similitude : ainsi que/.../de même que.
Cahier d'exercices 2 – Ex. 4
• Similitude + ressemblance : tel que/.../tel quel.

Cahier d'exercices 2 – Ex. 11
• Mise en relief : comme... ainsi.../.../autant... autant...
Inégalité - Différence
• Le ne explétif.
• Supériorité : plus... que.../.../pis que.
• Infériorité : moins... que.../.../plutôt + inf.
Variations parallèles ou inverses
• Parallèles : à mesure que/.../moins..., moins...
• Inverses : plus... et moins.../.../d'autant mieux que.
Synthèse sur les conjonctions :
Cahier d'exercices 2 – Ex. 5

II - PRÉPOSITIONS

• Différenciation entre comme; de; en; pour.
• Locutions : en guise de/.../auprès de.
  + animés : à l'égal de/.../à l'instar de.

  + inanimés : selon/.../en fonction de.
Cahier d'exercices 2 – Ex. 6

III - AUTRES MOYENS

• L'analogie : comme/.../évoquer/.../véritable.
Cahier d'exercices 2 – Ex. 7

Comparaison implicite
• La métaphore.

• Le symbole.
• L'allégorie.
• La parabole.
Synthèse : Cahier d'exercices 2 – Ex. 8

LEXIQUE

I - NOMS

- Ressemblance réelle : un semblable/.../une affinité.
- Ressemblance imaginaire : un lien/.../une analogie.
- Un équivalent : un homologue/.../un pendant.

- Un modèle pratique : un modèle/.../un patron.
- Le modèle idéal : un modèle/.../un archétype.

Cahier d'exercices 2 − Ex. 9

II - ADJECTIFS

- Égalité : égal (à).
- Similitude : le même/.../homogène.

- Inégalité : inégal/.../moindre.

Cahier d'exercices 2 − Ex. 10

III - VERBES

- Action de composer : comparer à/.../relativiser.
Comparaison explicite : valoir/.../l'emporter sur.

Comparaison implicite :
supériorité : augmenter/.../forcir,
infériorité : diminuer/.../alléger.

Cahier d'exercices 2 − Ex. 11

III - EXPRESSIONS

Synthèse : Cahier d'exercices 2 − Ex. 12

Cahier d'exercices 2 − Ex. 13

Syntaxe

1) ÉGALITÉ – SIMILITUDE

Comparaison pure et simple

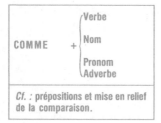

COMME + Verbe / Nom / Pronom / Adverbe

Cf. : prépositions et mise en relief de la comparaison.

*Ce jour-là, il se leva aux aurores **comme c'était** son habitude lorsqu'il devait se rendre au travail.*

*Enfant ou adolescent, il avait toujours été **sage comme une image.** (Comme serait une image.)*

*Elle aimait bien tremper sa tartine de confiture dans le café au lait, **comme lui**
        comme autrefois.*

Quand le verbe de la comparative est le même que celui de la principale, soit on fait *l'ellipse* de ce verbe :

*Il l'enserrait **comme un aigle sa proie** (comme un aigle enserre sa proie).*

Soit on le remplace par le verbe *faire,* s'il s'agit d'un verbe d'action :

*Nous avons emprunté l'autoroute **comme le font** la majorité des Français en cette fin de juillet.*

Comparaison + Hypothèse

COMME SI + Imparfait
(actuelle/future)

\+ Plus-que-parfait
(passée)

– (L.S. et Lit.)
\+ Subjonctif/Pl-q-P.

*Il ferma à demi les yeux et se mit à hocher la tête **comme s'il allait** s'endormir.*

*Un matin, l'orage cessa d'un seul coup, **comme si** les vents et les pluies **s'étaient donné** le mot pour mettre fin à une offensive qui s'avérait inutile. (P.J. Hélias.)*

*Debout, penché sur la table, il demeurait là sans bouger, **comme s'il eût guetté** quelque chose de mystérieusement présent.*

COMME + Conditionnel	
COMME + Adjectif	
(L. Lit.) + Participe	

*Le rire éclata, insolite dans cette salle, **comme** un rire de théâtre **aurait résonné** derrière une rampe éteinte. (J. Gracq.) (= Comme si un rire avait résonné.)*

*En proie à sa douleur, elle marchait au hasard dans les rues et, **comme aveugle ou folle,** elle heurtait les passants. (= Comme si elle était aveugle ou folle.)*

*Les animaux de la forêt se mirent à courir en tout sens, **comme apeurés** par un danger que nous, humains, ne soupçonnions pas encore. (= Comme s'ils avaient été apeurés.)*

Comparaison + But

COMME POUR + inf.	

*Elle leva la main **comme pour donner le signal** du départ. En réalité, elle essayait de faire fuir une guêpe.*

Comparaison + Temps

COMME { QUAND / LORSQUE } + indic.	

*Il apparut, le visage, les yeux tout bouffis, **comme quand vous avez dormi** trop longtemps.*

Qualité

AUSSI (seul) (= pareillement)	+ { Adj. / Adv. } QUE	Nom Pronom Adj. Adv.	SI (= Aussi + idée d'intensité. Phrase généralement exclamative.)
	(ellipse ou non du verbe)		Cf. : mise en valeur de la comparaison.

— Après un tel repas, je pensais ne pas pouvoir dormir. Ça été tout le contraire !

*— Moi **aussi** !*

*Au début, j'étais maladroit ; mais, au bout de 15 jours, j'étais devenu **aussi adroit que** { mon maître. / lui.*

*Elle portait une toilette **aussi simple qu'élégante.***

*Sa maison était **aussi bien tenue que son magasin** (l'était).*

*Je me suis réveillé en retard à dix heures, **aussi furieux que si j'avais manqué** le train.*

*Elle était fière d'avoir un mari **si riche** et qui lui prouvait un **si parfait amour.** (Marcel Pagnol.)*

Quantité

AUTANT (seul) (= pareillement)	+	QUE DE + groupe nominal + QUE (ellipse ou nom du verbe)	Nom Pronom	TANT DE + nom...! (Autant + idée d'intensité. Phrase généralement exclamative.)

*Il est revenu de la chasse, tout fier d'avoir tué deux lapins. Mais j'en avais ramené **autant** !*

*Cette maison est à vous **autant qu'**à moi !*

*Il avait décidé qu'il suivrait des cours du soir pendant **autant d'années qu'il le faudrait** pour obtenir ce diplôme.*

*Il ne s'était jamais battu **avec tant de courage** !*
(= avec autant de courage qu'aujourd'hui.)

Rien ne *l'amuse **tant que** de mettre mal à l'aise les gens.*
*« Tu peux venir nous voir **tant que** tu veux ! »*

<table>
<tr><td>Expressions :
RIEN NE... TANT QUE
TANT QUE + { vouloir
pouvoir</td></tr>
<tr><td>Cf. : mise en valeur de la comparaison.</td></tr>
</table>

> *TOUT* (= entièrement — complètement) peut renforcer ces 3 conjonctions : comme — aussi — autant.

*« Dimanche soir, nous avons été pris dans les embouteillages. **Tout comme vous** ! »*

*« D'accord ! Son appartement est bien situé, bien meublé... Mais je trouve le mien **tout aussi** agréable. »*
(= J'aime tout autant le mien.)

Similitude

<table>
<tr><td>AINSI QUE } + nom/pronom
} + verbe
(= De la même manière que.)</td></tr>
<tr><td>AU MÊME TITRE QUE + nom
(= C'est le même cas pour.)</td></tr>
<tr><td>DE MÊME (QUE) + nom</td></tr>
<tr><td>Verbe + DE MÊME</td></tr>
<tr><td>DE MÊME QUE + verbe</td></tr>
<tr><td>Cf. : mise en relief + lexique adjectifs.</td></tr>
</table>

*Martine, **ainsi que** sa sœur, ont quitté la maison familiale dès l'âge de 16 ans.*

*Le reste de l'armée, **ainsi que** pousse l'herbe folle, s'était installé au pied des ruines du château.*

Pour l'ellipse du verbe, même règle que pour *comme*.

*Les personnes de plus de 65 ans ont droit à une réduction sur le prix des places de cinéma **au même titre que** les étudiants.*

*Le provençal n'est plus parlé que par les anciens ou les irréductibles; **de même (que)** le breton.*

*« Je n'ai pas pu voir l'exposition sur Vienne 1900, **de même que** j'avais raté celle sur l'école de Barbizon, l'année précédente. »*

Similitude et Ressemblance

En tête de phrase ou entre 2 propositions

TELS QUE **TELLE(S)** (= exactement comme.)

« *Tel que vous me l'avez présenté, ce projet me paraît irréalisable.* »

« *J'ai récupéré mon studio et, à ma grande surprise, je l'ai retrouvé tel que je l'avais aménagé des années auparavant.* »

Devant un groupe nominal ou un pronom

TEL(LE) UN(E)	+ nom
TEL (QUE) + (= Comme par exemple.)	pronom énumération de noms (ellipse possible des articles) noms propres
TEL QUEL (= Exactement comme il est/était.)	

Sous le coup de la colère, telle une furie, elle surgit dans la pièce.

« *Comment oublierai-je jamais un ami tel que lui ?* »

Les ovipares sont des animaux, tels que (les) crustacés, (les) oiseaux, (les) reptiles, qui se reproduisent par les œufs.

Des écrivains, tels (que) Sartre ou Camus, inscrivent, dans leurs œuvres, leurs opinions politiques, ainsi leurs romans deviennent-ils de véritables actes.

« *Ne t'inquiète donc pas ! Je n'y ai pas touché, à ton puzzle : je l'ai laissé tel quel sur la table du salon.* »

Cf. aussi : • mise en relief de la comparaison ; • autres moyens ; • lexique des adjectifs.

Mise en relief de la comparaison d'égalité

COMME..., AINSI... DE MÊME... + inversion AINSI QUE..., AINSI... DE MÊME QUE..., DE MÊME... TEL..., TEL... AUTANT..., AUTANT... (Comparaison + opposition) L'opposition est marquée par antonymies de noms, d'adjectifs, d'adverbes, de verbes et de temps.

En L. Lit., conjonction en tête de la proposition comparative et *reprise* de la même conjonction sans *que* ou d'une conjonction *analogue* au début de la principale.

Comme un enfant solitaire s'attache à l'animal qu'on lui a offert, ainsi / de même les personnes âgées redoutent-elles la disparition de leur fidèle compagnon.

De même que l'Empire romain a disparu pour des raisons religieuses, de même les civilisations précolombiennes ont périclité avec l'implantation du christianisme.

« *Ce mobilier de jardin s'est révélé de grande qualité : il a passé tout l'hiver dehors. Eh bien, tel je l'avais laissé, tel je l'ai retrouvé !* »

Tel maître, tel valet... Tel père, tel fils...

Autant, en Provence, l'été aura été torride, autant, en Bretagne, il aura été froid et pluvieux.

« *Autant, il y a quelques années, il se montrait d'une timidité excessive, autant, aujourd'hui, il est d'un culot* !* »
(* audace).

2) INÉGALITÉ – DIFFÉRENCE

> Pour marquer ces notions de différence ou d'inégalité, le français choisit généralement d'employer le *NE explétif* dans la 2e proposition quand la principale est affirmative.

*Elle est encore **plus belle que** tu **ne** l'espérais.*
*Est-elle **plus belle que** tu l'espérais?*
*Pour son anniversaire, il a reçu **moins qu'**il **ne** croyait.*
*Pour son anniversaire, il **n'**a **pas** reçu **moins qu'**il croyait.*

> Donc, le *ne* apparaît quand il existe une différence entre l'imaginé (proposition subordonnée) et la réalité (proposition principale).

Supériorité

PLUS $\begin{cases} + \text{adj. ou adv.} \\ + \text{DE} + \text{nom} \\ \text{(quantité)} \\ + \text{préposition} \end{cases}$ ... QUE $\begin{cases} + \text{adj. ou adv.} \\ + \text{DE} + \text{nom} \end{cases}$

*« Je me sens (beaucoup) **plus à l'aise dans** un jean **que dans** un costume trois pièces ! »*
*S'il agissait si vite, c'est qu'il possédait **plus d'**instinct **que** d'intelligence.*
*Sa peur de la solitude le poussait à rechercher **plus de** compagnie **qu'il ne lui en fallait.***

RIEN DE PLUS + adj. ... QUE DE + inf.

*Pour lui, **rien de plus** agréable, **de plus** enivrant **que de marcher** contre le vent dans les bruyères.*

DAVANTAGE (= encore plus) Seul ou avec le pronom neutre LE DAVANTAGE $\begin{array}{l} + \text{nom} \\ + \text{verbe} \end{array}$ ... QUE $\begin{array}{l} \text{... nom} \\ \text{... verbe} \end{array}$

*Au temps de leur splendeur, Sophia était très **belle**, mais Gina l'était encore **davantage**.*
*Il protégeait **davantage** sa sœur **que** son frère.*
*Elle mangeait **davantage de** sucreries **que de** pain ou **de** viande.*
*À la suite de mon opération, j'ai souffert **davantage que** je **ne** m'y attendais.*
*... je **ne** l'aurais cru.*

Comparatifs irréguliers

Bon < MEILLEUR (...) QUE... Bien < MIEUX QUE Mauvais < plus mauvais (L.F.)   <PIRE(...)QUE...(L.S.) Mal < plus mal (L.F.)   < PIS QUE (L.S.)

*Ce gâteau est **meilleur qu'**il n'avait l'air.*
*Il fut satisfait de voir qu'il se mouvait dans cet espace **mieux qu'**il ne l'avait jamais fait dans sa maison de banlieue.*
(P.J. Heliaz.)

*Il n'y a **pire** sourd **que** celui qui ne veut pas entendre.*
*Il a dit **pis que pendre** de son ancien copain.*

Infériorité

MOINS (DE)... QUE (DE)...

*Sienne est **moins belle que** Florence, mais elle n'est pas sans charme.*
*Sienne possède **moins de** beautés, mais **pas moins de** charme.*
*« Il n'était guère d'église plus célèbre, **moins à cause des** emprunts à l'architecture orientale **que par la** suspicion attachée aux rites qu'elle abritait. » (J. Gracq.)*

Différence

(TOUT) AUTRE AUTREMENT } QUE (= différent)

*Après quelques jours de vie commune, elle m'apparut **(tout) autre que** je **ne** croyais.*
*Mon père, un des plus grands notables du canton, n'y était pas traité **autrement que** les autres.*

PLUTÔT $^{+\ adj.}_{+\ adv.}$ QUE
PLUTÔT QUE $\begin{cases} (de *) + inf. \\ + nom \end{cases}$
* *De*, lorsque apparaît une idée de préférence.
PLUTÔT   + inf. seul (L.F.)

*Quand on la voyait de plus près, on s'apercevait qu'elle était **plutôt rousse que blonde**.*
*Il préférait **mourir** brutalement **plutôt que (de) souffrir** durant des années.*
*Ce journaliste avait choisi **la célébrité plutôt que l'honnêteté**.*

*Lui faire des excuses ! Moi à lui ? Non, mais tu rêves. **Plutôt mourir !***
(= Je préfère mourir plutôt que de lui faire des excuses.)

> PRESQUE, placé devant « aussi, autant, comme », fait passer de l'égalité à une légère différence.

3) VARIATIONS EN SENS PARALLÈLES OU INVERSES

Parallèles : généralement même temps dans les 2 propositions comparées.

Comparaison + mouvement

À MESURE QUE (2 actions évoluent ensemble) AU FUR ET À MESURE QUE (plus insistant)

***À mesure que** la silhouette avançait, elle se précisait : c'était un jeune colosse aux longs cheveux noirs, en bras de chemise et pieds nus.*
***Au fur et à mesure que** le temps passera, les vents feront tomber les ardoises du toit, les habitants se serviront du bois de charpente pour alimenter leur cheminée et, dans dix ans, il ne restera plus qu'une carcasse de pierres en ruines.*

Comparaison + temps

TANT QUE (= aussi longtemps que)

*Sa mère l'a aidé dans son travail **tant qu'**elle en a eu la force.*
*« **Tant qu'**il y a de la vie, il y a de l'espoir. »*

Parallèles et progressives

PLUS... { et / , } PLUS...

***Plus** il grandira et **plus** son esprit d'indépendance s'affirme**ra** jusqu'au jour où il quittera ses parents.*
***Plus** elle se racontait, **plus** il désir**ait** connaître davantage de détails sur sa vie aventureuse.*

Parallèles et régressives

MOINS... { et / , } MOINS...

***Moins** je travaille et **moins** j'ai envie de travailler.*

Inverses

PLUS... { et / , } MOINS... MOINS... { et / , } PLUS...

*« Généralement et malheureusement ! **Plus** le nombre de spectateurs est important, **moins** la qualité du film est certaine. Le raisonnement inverse ne s'avère pas toujours juste ! »*

Parallèles ou inverses

D'AUTANT { PLUS / MOINS / MIEUX } (...) QUE...

*Il s'inquiétait **d'autant plus** pour son retour vers la capitale **que** la prévention routière annonçait **plus de** circulation pour le soir (Parallèle : plus... plus).*
*« Mais je m'ennuie **d'autant moins** avec toi, mon chéri, **que** tu as **plus de** temps à me consacrer ! » (Inverse : plus... moins.)*

> Ne mélangez pas cause et comparaison.

*« J'étais **d'autant plus** gelé **que** je n'avais pas mis mon pull-over. »*

Cause : j'étais gelé 1° *parce qu'*il faisait froid (cause sous-entendue).
et 2° *parce que* je n'avais pas mis mon pull-over (cause exprimée).

*« J'étais **d'autant plus** gelé qu'il s'était mis à faire **plus** froid. »*

Comparaison : plus il faisait froid, *plus* j'étais gelé.
Donc : pour la comparaison, la plupart du temps, vous avez un comparatif dans l'autre proposition.

II - PRÉPOSITIONS

COMME

(= De la même manière que.)

Avec l'ellipse du verbe de comparaison, la conjonction « comme » prend une valeur de préposition.

Ses traits étaient fins mais très nets et ses yeux, brillants comme des olives mûres. (M. Pagnol.)

> Après un verbe ou un adjectif ne confondez pas COMME + *déterminant* + *nom* > comparaison.

On disait qu'elle avait un cou long comme une girafe.

COMME + *nom seul* > comparaison = *en guise de*.

Il arrive que les Français accrochent, comme décoration au mur, un tapis.

COMME + *nom seul* > qualité = *en tant que*.

Il s'avère plus convaincant comme écrivain que comme orateur.

DE

(= Pareil à celui de.)
Après un nom.
Suivi le plus souvent
d'un *animé*
ou d'un *inanimé*
de manière.

À la moindre contrariété, elle versait des larmes de crocodile.
Après une exceptionnelle chaleur, éclata soudain un orage d'apocalypse.
Une spontanéité d'enfant/une faim de loup.
Un sourire d'ange...
Une voix de cristal/un visage de marbre.

EN

(= De même que.)
Après un verbe.
Suivi le plus souvent d'un
inanimé de *matière* ou de
forme.

Quand il vit arriver le policier, il prit peur et partit en flèche vers la sortie.
Une situation en or/un alibi en béton...
Des yeux en amande/une énergie en dents de scie...
Nous ne nous connaissons que depuis un mois et déjà il me traitait en ami.
Mourir en lâche/Se comporter en vedette.

<table>
<tr><td>

POUR

1) = COMME
d'estimation.
2) = COMME
d'équivalence.

</td><td>

*Jusqu'à cet incident, je le **tenais pour un homme de parole**.*
*Il **passe pour ambitieux**.*

*Compter **pour rien** = comme si cela n'avait pas d'importance.*
*Faire quelque chose **pour de bon/pour de vrai**.*
(= Comme si cela était une réalité.)
*Laisser **pour mort** = comme s'il était mort.*
*N'avoir **pour tout** plaisir **que** de voir souffrir les autres.*
*N'avoir **pour seule** consolation **que** son chien.*

*« Dîner avec moi, voilà ce qu'il a demandé **pour prix de** sa peine. »*

</td></tr>
</table>

<table>
<tr><td>

EN GUISE DE
COMME
POUR

(= À la place de.)
+ *Nom seul* et souvent concret.

</td><td>

Le clochard portait à la taille une vieille ficelle
en guise de ⎫
comme ⎬ *ceinture.*
pour ⎭

</td></tr>
</table>

<table>
<tr><td>

EN COMPARAISON DE
À CÔTÉ DE
PAR RAPPORT À
AUPRÈS DE

(= Comparaison par rapprochement pour mettre en valeur une opposition.)

</td><td>

***En comparaison du** cinéma français des années 30, la « Nouvelle Vague » n'a pas montré le vrai visage de la société de l'époque.*

*« Qu'est-ce que tu peux être vieux jeu * **à côté de** ton père qui a les idées si larges ! »*
* Avoir des idées démodées.

</td></tr>
</table>

Animés seuls

<table>
<tr><td>

À L'ÉGAL DE

(= Autant que + nom.)

</td><td>

*Par son extraordinaire virtuosité, ce jeune violoniste a été ovationné par le public **à l'égal des** plus grands.*

</td></tr>
</table>

<table>
<tr><td>

À L'EXEMPLE DE
À L'IMAGE DE
(référence à 1 modèle de personne)
À L'INSTAR DE (L.S.)

(= De même que.)

</td><td>

***À l'exemple** de sa mère, elle a embrassé une carrière artistique.*
***À l'instar des** premiers vainqueurs, une équipe d'alpinistes s'est lancée à l'assaut du mont Blanc, à l'occasion du 200ᵉ anniversaire de sa conquête.*

</td></tr>
</table>

Inanimés seuls

SELON
CONFORMÉMENT À

SUIVANT
D'APRÈS

EN FONCTION DE
(+ idée de dépendance
et/ou d'évolution)

(= Comparaison à partir
d'un modèle.)

*Cet hôtel a été aménagé **selon les nouvelles normes** en vigueur.*

*Pour venir à bout de cette étude, je travaille **suivant un plan** bien précis.*

*Ce qui est regrettable, c'est qu'il n'agisse qu'**en fonction de ses intérêts**.*

III - AUTRES MOYENS

1) L'analogie

Comparaison, plus développée, due à l'imagination et qui se fait par l'intermédiaire de verbes, d'expressions verbales, d'adjectifs, etc.

Moyen le plus courant

COMME

---

*« Il était resté fièrement Catalan et sa langue roulait les « R » **comme** un ruisseau roule les graviers. » (M. Pagnol.)*

*« Parler avec vous, c'est **comme** ouvrir la fenêtre d'une chambre où il y a un malade. On respire mal ici. » (J. Gracq.)*

Quelques autres moyens

ÊTRE + attribut
Inf., C'EST (un peu) ⎫ + inf.
　　　　　(comme) ⎭ + nom

---

*Cet avocat **est un vieux** renard.*
(Vieux = qui a de l'expérience; et renard = rusé.)
***Partir, c'est mourir** un peu.*

*Voyez-vous, cette cheminée autour de laquelle nous nous réunissons tous, eh bien ! **c'est un peu (comme)** notre église à nous.*

AVOIR L'IMPRESSION ⎫ DE + inf.
AVOIR LE SENTIMENT ⎭ QUE + ind.

---

*Au moment où la voiture a roulé dans le ravin, **il a eu l'impression de** revivre à toute vitesse sa vie à l'envers.*

*Je l'embrassais et soudain j'**eus le sentiment que** je ne la reverrai plus.*

ON DIRAIT	
ON AURAIT DIT	QUE
ON EÛT DIT (L. Lit.)	
ON LUI DONNERAIT	
ON LUI AURAIT DONNÉ	
EÛT DONNÉ (L. Lit.)	

*Françoise et Albert viennent nous voir tous les jours mais jamais à la même heure. **On dirait qu'**ils jouent à ne pas se rencontrer.*

*Ce beau vieillard de 80 ans, au torse droit et à la démarche assurée, à le voir de dos, **on lui aurait donné** ⎱ 20 ans de*
eût donné ⎰ moins.

ON CROIT VOIR
ENTENDRE
ON (SE) CROIRAIT
SE SERAIT CRU

*« À cette heure-là, c'est une ville qui dort, une ville dont le cœur a cessé de battre et la lagune est une croûte de sel, **on croit voir** une mer de la lune. » (J. Gracq.)*

*« J'ai été invité à une soirée d'un ennui mortel. Personne ne parlait, l'atmosphère était sinistre. C'est bien simple, **on se serait cru** à un repas d'enterrement. »*

*Pour les Romains, l'orage **semblait un présage**.*

SEMBLER
RESSEMBLER À
FAIRE FIGURE DE
(= avoir l'air)
TENIR DE
(= avoir des points communs)
FAIRE + { nom
adjectif (L. Fam.)

*« Cette impression d'impuissance **ressemblait à** celle d'un virtuose qui relève d'une longue maladie et sent ses doigts s'échapper, s'emballer d'eux-mêmes sur leur instrument familier. »*

*Auprès d'une ville aussi tentaculaire que Los Angeles, Paris **fait figure de** village !*

*« Qu'il ait pu sortir sain et sauf d'un tel accident, cela **tient du miracle** ! »*

*Les lycéens fument la pipe parce que **ça fait** intellectuel.*

*Avec son collier de perles et sa jupe bleu marine, elle **fait** très B.C.B.G.*

(= Bon chic, bon genre. Très XVIe = arrondissement chic de Paris.)

ÉVOQUER
= faire songer à/rappeler

*« Voyez-vous, pour moi, cette sonate **évoque** un paysage d'automne. »*

PAREIL À
SEMBLABLE À

*Elle s'était assise sur une roche et fixait l'horizon. **Pareille à** ces silhouettes endeuillées qui guettent interminablement le retour du mari disparu en mer.*

TEL + art. + nom
(= comme)

*Il donnait des ordres et se faisait servir **tel un** roi.*

***Tel le** vilain petit canard du conte, cet enfant, laid à la naissance, est devenu beau comme un dieu à l'adolescence.*

TEL + {CE + nom / CELUI} {QUI / QUE} (= à la manière de)

*Il fut exécuté, **tel cet** officier pour l'amour de qui une comtesse trahit la cause révolutionnaire de son propre pays.*

VRAI VÉRITABLE

*« Quel homme pressé ! Pas moyen d'avoir une conversation avec lui : c'est un **vrai** courant d'air ! »*

Comparaison implicite.

2) LA MÉTAPHORE

Analogie qui se fait sans intermédiaire. On passe directement du sens concret à l'abstrait.

*Il passait ses nuits **à dévorer** * des romans policiers.*
* manger avidement (sens concret).
Se nourrir intellectuellement (sens abstrait); donc, « dévorer » prend la place de « lire » pour faire une métaphore.

3) LE SYMBOLE

Analogie qui se fait sans intermédiaire mais en partant d'une *idée (abstraite)* (1) pour arriver à une *image (concrète)* (2).

*Le **symbole** universel de la **paix** (1), c'est **la colombe** (2).*

4) L'ALLÉGORIE

Le symbole passe par une description, une narration, une image...

*Le célèbre **tableau** de Delacroix représentant une femme, brandissant un drapeau, sur une barricade est une **allégorie** de la **liberté**.*

5) LA PARABOLE

L'allégorie porte sur tout un récit et a valeur d'enseignement dans les livres saints.

*Dans la Bible, Jésus compare le monde à un champ semé de **bon grain** (ce sont **les bons**) et d'ivraie (ce sont **les méchants**); au moment de **la moisson** (la fin du monde) les moissonneurs (les anges) viendront arracher l'ivraie (séparer les bons des méchants).*

Lexique

I - NOMS

1) UNE RESSEMBLANCE RÉELLE

Animés

UN SEMBLABLE	« *Qu'on le veuille ou non, l'homme est un animal social qui éprouve le besoin de vivre parmi ses* **semblables.** » *(Un anthropologue.)*
UN PAREIL	
UN SOSIE (même physionomie)	*s'emploie surtout dans l'expression :* « *N'avoir pas son* **pareil.** » (= *être insurpassable.*)
UN PAIR (même rang, même dignité)	« *Pour vous extraire une dent en douceur, ce dentiste* **n'a pas son pareil.** » *(Un patient.)*
UN COMPATRIOTE	*À force de vouloir ressembler à cette actrice, elle avait fini par devenir son* **sosie.**
UN CONCITOYEN (même nationalité)	*Les membres de l'Académie française sont élus par leurs* **pairs.**
UN CONTEMPORAIN (même époque)	*À l'étranger, les résidants français aiment se retrouver entre* **compatriotes.**
UN CORELIGIONNAIRE (même religion)	*À la fin du xviie siècle, bien des protestants français ont dû émigrer et rejoindre leurs* **coreligionnaires** *allemands.*
UN CONGÉNÈRE (même genre, même espèce)	*Les atrocités de la Seconde Guerre mondiale nous ont montré qu'à l'égard de ses* **congénères,** *l'homme est peut-être pire que l'animal.*

Inanimés

Situations

UN EXEMPLE
UN CAS
UN PRÉCÉDENT

« *Nous avons déjà connu dans la région* **un cas** *d'intoxication par ce champignon mais c'est extrêmement rare.* » (Un médecin.)

« *Un Président de gauche et un gouvernement de droite... il y a déjà eu* **un précédent** *en France en 1946-47.* » (Un homme politique.)

Sens, prononciation, orthographe

UN SYNONYME (mot de même sens)
UN HOMONYME (mot de même prononciation)
UN HOMOGRAPHE (même orthographe, prononciation différente)

L'adjectif « docile » est **synonyme** d'« obéissant ».

L'amour est **synonyme** *de souffrance dans la littérature romantique.*

[La ville de] Caen, en Normandie, est l'**homonyme** de « quand ».

[Nous] portions
Et [les] portions } *sont homographes.*

Goûts

UNE AFFINITÉ (goût identique)

(s'emploie essentiellement au pluriel).

Par leur culture, Français et Italiens ont de nombreuses **affinités.**

2) UNE RESSEMBLANCE IMAGINAIRE

UN LIEN
UN RAPPORT
UN RAPPROCHEMENT
UNE RELATION
UNE PARENTÉ
UNE ANALOGIE
UNE CORRESPONDANCE

Il y a un certain **rapport** *entre la technique photographique et la technique utilisée par les peintres impressionnistes.*

L'architecture baroque de Vienne présente une réelle **parenté** *avec celle de Prague.*

« *Et si la poésie n'était que l'art des* **correspondances** *entre le monde, l'univers et notre monde intérieur ?* » (Conférence sur la poésie.)

« *Chateaubriand a excellé dans la description des saisons, des ciels changeants dans lesquels il voyait* **une analogie** *avec la nature versatile de l'homme.* » (Manuel de Littérature.)

3) UN ÉQUIVALENT

Animés

UN(E) HOMOLOGUE

UN ÉQUIVALENT

UN(E) COLLÈGUE
(même fonction :
administration, enseignement...)

UN CONFRÈRE/UNE CONSŒUR
(médecins, avocats,
juristes, journalistes...)

*L'ouvrier allemand a un salaire supérieur à celui de son **homologue** français.*

*Cet enseignant a demandé à être remplacé par un de ses **collègues** pour convenance personnelle.*

*Un arrêt de travail a été voté par l'ensemble des journalistes par suite du licenciement d'un de leurs **confrères**.*

Inanimés

UN ÉQUIVALENT

UNE RÉPLIQUE

UN PENDANT
(chose comparable,
identique ou symétrique)

*Le « pied » anglo-saxon est **l'équivalent** de 304,8 mm.*

*La statue de la Liberté à New York a son **pendant** à Paris sur la Seine.*

4) UN MODÈLE PRATIQUE

Inanimés

UN MODÈLE

UN MOULE

*Le verbe « finir » sert de **modèle** de conjugaison pour les verbes du 2ᵉ groupe.*

*Toutes ces statuettes ont été fabriquées à partir du même **moule**.*

Langage technique et industriel

UN ÉTALON
(modèle légal déposé)

UN PROTOTYPE
(sens le plus courant :
1ᵉʳ exemplaire d'un véhicule)

UNE MAQUETTE
(modèle en réduction
pour le théâtre, l'architecture)

*Le mètre-étalon se trouve au Bureau international des poids et mesures de Sèvres où sont déposés tous les **étalons**.*

*« Au Salon de l'auto, nous nous sommes longuement attardés devant **le prototype** de la voiture entièrement robotisée qui nous attend en l'an 2000. »*

*Les **maquettes** des différents projets proposés pour la rénovation du quartier des Halles ont été exposées à l'Hôtel de Ville pour tester les réactions des Parisiens.*

Arts et édition

UN ORIGINAL (modèle pour des reproductions, œuvres d'art, manuscrits...) **UN EXEMPLAIRE** (d'un livre, d'un journal, d'une photo...) **UN SPÉCIMEN** (exemplaire destiné à être distribué : édition, botanique, zoologie et, au sens figuré, personnes)

Une secrétaire à son directeur : « Voilà la lettre ! Est-ce que je dois faire des copies de l'**original** pour chacun des candidats ? »

Le quotidien France-Soir est tiré à plus de 700 000 **exemplaires.**

Quelques **spécimens** *sont réservés aux auteurs d'un livre pour qu'ils les distribuent.*

« Ce Charles, quel **spécimen** ! Il ne peut voir une femme sans vouloir aussitôt la séduire ! »

Artisanat, couture

UN ÉCHANTILLON (de tissus, de couleurs...) **UN PATRON** (modèle en papier, en carton...)

« J'ai demandé au tailleur de me montrer ses **échantillons** de tissus avant de me décider à en choisir un. »

« Cette robe ? Mais je l'ai faite toute seule, d'après un **patron** que j'avais acheté dans une mercerie. »

5) LE MODÈLE EST UN IDÉAL

Animés et inanimés

UN MODÈLE **UN EXEMPLE** **UN IDÉAL DE** **UN TYPE DE** **UN ARCHÉTYPE DE**

Dans le genre « films catastrophes », la « Tour infernale » est restée **un modèle.**

« Nous nous référons tous plus ou moins inconsciemment à la publicité car elle traduit **un idéal de** société. » *(Un sociologue.)*

La minceur correspond à un certain **type de** *beauté de la femme moderne.*
Sherlock Holmes est **le type** *même de l'inspecteur de police méticuleux et raisonneur.*

*Brigitte Bardot a incarné l'***archétype** *de la femme dans les années 50 et 60.*
*Le parc du château de Versailles est l'***archétype** *du parc « à la française ».*

II - ADJECTIFS

Égalité

> ÉGAL (seul)
> ÉGAL À (quantité)
> EN (valeur)

« J'avais appris dans l'Évangile que les hommes sont tous **égaux,** tous frères. » (S. de Beauvoir.)

La vitesse de la lumière est **égale à** 300 000 km par seconde.

« Tous les êtres humains naissent libres et **égaux en** dignité et **en droits.** » (Déclaration Universelle des Droits de l'Homme.)

Expressions :

être **égal** à $\dfrac{\text{soi-même}}{\text{lui-même}}$ = dont la qualité ne varie pas.

être d'un caractère toujours **égal** = sans réaction extrême.
Une justice égale **pour** tous.

Similitude

> LE/UN MÊME + nom

« Dans un miroir, l'image a **la même** dimension que l'objet. » (Loi d'optique.)

> UN TEL + nom
> ↓
> résume
> l'idée qui précède
> (= PAREIL/SEMBLABLE)

« La cérémonie du thé au Japon est sacrée ; nous n'avons pas en France **de telles/(de) pareilles** coutumes. »

> ○   UN TEL
> Dans une phrase exclamative
> ou chargée de sentiments
>
> (= si grand/important/bon/
> mauvais...)
> Expression : RIEN DE TEL QUE

« Tu as déjà vu **un tel** embouteillage ? »

« **Un tel** luxe me fit pas mal d'envieux. » (Pagnol.)

« Je ne connais **rien de tel que** la méditation dans le silence pour découvrir la vraie valeur des mots. »
(= Rien de si bon.)

<table>
<tr><td>

SIMILAIRE

IDENTIQUE

ANALOGUE

</td><td>

*Le violon et le violoncelle ont une forme **similaire** mais un son différent.*
*Le lièvre et le lapin ont une morphologie à peu près **analogue.***

</td></tr>
</table>

<table>
<tr><td>

HOMOGÈNE
(ensemble dont les éléments
sont semblables)

</td><td>

*À Paris, la structure sociale du quartier du Sentier est très **homogène** : boutiquiers et artisans juifs s'y côtoient depuis des siècles.*

</td></tr>
</table>

Inégalité, différence

<table>
<tr><td>

INÉGAL (en)

</td><td>

*Le centre de New York est composé de gratte-ciel très **inégaux en** hauteur.*
*Le score de ce match n'a rien d'étonnant : ces 2 équipes étaient de force très **inégale.***

</td></tr>
</table>

<table>
<tr><td>

nom + DIFFÉRENT
(= avec des différences)
(souvent précédé d'un adverbe
comme : totalement, tout à fait,
absolument…)

</td><td>

*« Le témoin de l'accident a opposé à la police une version absolument **différente.** »*

</td></tr>
</table>

Différent + nom n'a pas de valeur comparative et n'est pas précédé d'article = plusieurs = divers.

*« Vous saviez qu'il existe **différentes** prononciations françaises selon les régions ? »*

Dans sa jeunesse, il a été fichu à la porte du lycée à **diverses / différentes** *reprises, pour* **diverses / différentes** *raisons.*

<table>
<tr><td>

(TOUT) AUTRE
(= généralement placé
avant le nom)
(= différent)

</td><td>

*« Moi, j'ai d'**autres** goûts, un **autre** système. » (Bosco.)*
*Depuis qu'il s'est fait raser la barbe, c'est un **(tout) autre** homme.*

</td></tr>
</table>

DISSEMBLABLE
DISPARATE (qui n'est pas en accord, en harmonie avec son entourage)
COMPOSITE
HÉTÉROCLITE (de nature, d'espèce, de provenance différentes) spéc : Beaux-Arts
HÉTÉROGÈNE (ensemble dont les éléments sont dissemblables)

« Ne vous fiez pas aux apparences ! Ces jumeaux qui physiquement se ressemblent comme 2 gouttes d'eau sont, en fait d'un caractère complètement **dissemblable**. »

« Les vernissages sont souvent l'occasion de voir réunis les spécimens les plus **disparates** du monde des Beaux-Arts, de la littérature, de la politique avec en commun, toutefois, une même passion : celle d'être vu. »

« Le salon de ma grand-mère offrait le spectacle d'un mobilier des plus **hétéroclites** : le Louis XV et le style nouille s'y côtoyaient allègrement. »

La structure sociale de Paris est très **hétérogène** et varie selon les arrondissements.

Particularités

DISTINCT (de)

Le piano a une sonorité **distincte de** celle du clavecin : à la fois plus chaude et moins métallique.

PARTICULIER
PROPRE
SPÉCIFIQUE

À Paris, chaque quartier a **son style** propre et a son charme **particulier**.

Diversité

VARIÉ
DIVERS

(= différents entre eux).

La France est composée de provinces très $\left\{ \begin{array}{l} \textit{diverses} \\ \textit{variées} \end{array} \right\}$ les unes par rapport aux autres.

Supériorité

SUPÉRIEUR (à)

(qualité, quantité).

Certains connaisseurs considèrent que les vins de Bourgogne sont **supérieurs** aux vins de Bordeaux... Question de goût !

La France a un taux de natalité (pour 1 000 habitants) **supérieur** (14,8) à celui du Japon (13,7).

PRÉDOMINANT
PRÉPONDÉRANT

(poids, influence, autorité).

La région Nord-Pas-de-Calais occupe une place prédominante dans l'industrie textile française.

Infériorité

INFÉRIEUR (à)
MINEUR

Les musicologues ont longtemps considéré l'opérette comme un genre **mineur** par rapport à l'opéra ou à l'opéra-comique.

MOINDRE

(s'emploie essentiellement après un indéfini).

Payer une contravention pour excès de vitesse, plutôt que d'avoir un accident, c'est encore un **moindre** mal.

III - VERBES

1) ACTION DE COMPARER

À valeur générale

COMPARER... À
RAPPROCHER... DE (un rapprochement)
CONFRONTER (une confrontation, mettre en parallèle, opposer)

Il arrive que l'**on compare au** Pont-Neuf les personnes qui ont une santé solide :
« Il est solide comme le Pont-Neuf. »

Il suffit de **rapprocher** ces deux radioscopies du poumon pour constater que l'une présente un poumon sain et l'autre, malade.

Après avoir **confronté** tous les témoignages, le juge d'instruction a constaté qu'ils concordaient.

À valeur nuancée

Assimilation

CONFONDRE... (AVEC) (une confusion) PRENDRE... POUR (L.F.) (une méprise) ASSIMILER (une assimilation) AMALGAMER (un amalgame)

*Ces deux jumelles se ressemblaient tellement qu'on les **confondait** toujours.
qu'on les **prenait** l'une **pour** l'autre.*

*Parce qu'ils se considèrent comme une élite, les élèves des Grandes Écoles refusent de se laisser **assimiler** au reste des étudiants.*

Différenciation

PRÉFÉRER qqn... qqch... inf. $\Big)$ QUE + subj. $\Big)$ ... PLUTÔT QUE (de) + inf. DIFFÉRENCIER... DE (une différenciation) DISTINGUER... DE (une distinction) DISCERNER... DE SÉLECTIONNER

*« Toute femme **préfère à** rien un bonheur dont elle sait la brièveté. » (Montherlant.)*

*En France, les hommes politiques **préfèrent être** tournés en dérision qu'être ignorés.*

*Je préférerais qu'il dise oui, **plutôt que** de le voir refuser mon offre.*

*C'est le rire qui **différencie** l'homme des autres espèces animales.*

*Les daltoniens ne savent pas **discerner** le rouge du vert.*

*Le propre des concours est de **sélectionner** les meilleurs candidats.*

RELATIVISER (comparer à ce qui est plus important pour découvrir la vraie valeur)

*Les malheurs des autres nous apprennent à **relativiser** les nôtres.*

2) LA COMPARAISON EST EXPLICITE : les deux termes de la comparaison sont donnés

Égalité, équivalence, ressemblance

(SE) VALOIR

*Un hectare (ha) vaut 10 000 m².
En judo, Français et Japonais **se valent**.*

ÉQUIVALOIR À + nom/inf (avoir la même valeur, fonction…) **RESSEMBLER À** **S'APPARENTER À** **SE RAPPROCHER DE**	*Le mille marin **équivaut à** 1 852 m.* *Les symphonies de Mozart **s'apparentent** beaucoup à celles de Haydn.* *Pour un Français l'accent suédois **se rapproche** beaucoup **de** l'accent danois.*
IMITER **COPIER**	*Quelle que soit leur nationalité, les femmes élégantes se sont toujours efforcées de **copier** la mode parisienne.*
MIMER (le mime, le mimétisme) **SINGER** (L.F.) (imiter pour se moquer) **PASTICHER** (un pastiche, imiter le style d'un écrivain, d'un artiste) **PARODIER** (une parodie, imiter de façon comique, ridicule)	*Les Français aiment les chansonniers qui **singent** leurs hommes politiques.* *Pour créer un réflexe de peur, le réalisateur de cette publicité télévisée **a pastiché** le film d'Hitchcock « Les Oiseaux ».* *Au dire des sociologues, l'une des fonctions du carnaval est de tourner en ridicule, de **parodier** l'ordre social.*

Simulation

JOUER LES + nom ou adjectif **FAIRE LE, LA** (faire semblant) **SIMULER** (de) + inf./nom (sentiment/qualité) (une simulation, faire semblant) **FEINDRE** (de) + inf./nom (sentiment ou action)	*Tout au long de son procès, l'accusé clama son innocence, **joua** même **les** victimes.* *Il jette son argent par les fenêtres ; naturellement il n'a plus un sou en poche et après il **fait l'**étonné !* *Au cours de son interrogatoire, l'assassin faisait comme s'il ne se rappelait de rien, il **simulait** l'amnésie/d'être amnésique.* *Elle **feignait** toujours de partir, et en fait, elle restait des heures.* *« Les hommes savent, mieux que les femmes, **feindre** la vertu. » (A. Maurois.)*

Reproduction

REPRODUIRE
IMITER
(RE)COPIER
TRANSCRIRE (une transcription)
DÉCALQUER
CALQUER... SUR... (à la forme passive INA seuls)
PLAGIER (un plagiat, copier un auteur) (péjoratif)

Robots et ordinateurs sont désormais capables de **reproduire** la voix humaine.

La moleskine est une toile de coton qui **imite** le cuir.

Le magnétoscope peut **recopier** les images d'un film télévisé.

Les télescripteurs des agences de presse **transcrivent** sur un listing ou listage les nouvelles du monde entier.

L'organisation de la plupart des armées latino-américaines est **calquée** sur celle des États-Unis.

Cet essayiste a été assigné en justice pour **avoir plagié** l'œuvre d'un confrère.

Différence

DIFFÉRER DE...
SE DIFFÉRENCIER... DE (une différenciation)
SE DISTINGUER... DE (une distinction)

« Le microbe **différait** légèrement du bacille de la peste ; tel qu'il était classiquement défini. » (Camus.)

L'accent du midi de la France **se distingue** nettement des autres par sa musicalité.

DÉPASSER...(DE)
SURPASSER... (DE) (faire mieux)
PRÉVALOIR SUR
L'EMPORTER SUR

La cathédrale de Reims **dépasse** en hauteur (83 m), Notre-Dame de Paris (81 m).

Pendant des années, sur les cours de tennis, le Suédois Bjorn Borg a **surpassé** tous ses adversaires.

Chez bien des paysans les préjugés **prévalent** encore **sur** l'esprit d'ouverture et de progrès.

« Après réflexion, la raison a fini par **l'emporter** en elle **sur** l'impulsion. »

3) LA COMPARAISON EST IMPLICITE : seul le 1er terme de la comparaison est donné

La supériorité : rendre ou devenir plus grand, plus long, plus large...

Quantité

AUGMENTER
(S)'ÉLEVER
S'ACCROÎTRE

« *Le nombre des demandeurs d'emplois a* **augmenté** *de 0,5 % au cours du dernier trimestre.* » *(Flash info-radio.)*

« *Si la délinquance* **s'est accrue**, *c'est en grande partie parce que le chômage s'est accru...* » *(Interview.)*

Qualité (en mieux)

(S')AMÉLIORER PERFECTIONNER
(Y) GAGNER EN + nom
EMPIRER (devenir pire)
(S')AGGRAVER (devenir, rendre plus grave)

« *Depuis qu'il suit des cours de phonétique, son accent* **s'est** *nettement* **amélioré.** »
« *Depuis qu'elle se maquille un peu, elle* **a gagné en** *charme.* »

« *Son état de santé s'était déjà dégradé ces jours derniers, il a brusquement* **empiré** *ce matin. Le malade s'est éteint quelques heures plus tard.* »

Le danger des médias réside dans le fait qu'ils **aggravent** *souvent les événements.*

Espace
Longueur

ALLONGER (un allongement)
ÉTENDRE
ÉTIRER
RALLONGER (par nécessité)

« *Pourriez-vous* **rallonger** *le pantalon du petit qui a grandi?* »
Pour rattraper son trousseau de clés sous l'armoire, il **étendait** *le bras le plus possible.*

Largeur

ÉLARGIR (un élargissement)

*Ces travaux de démolition ont pour but d'***élargir** *cette rue devenue trop étroite pour la circulation.*

Surface

(S')ÉTENDRE (une extension)
(S')AGRANDIR (un agrandissement)
(S')ÉLARGIR
(SE) RÉPANDRE
(SE) DÉVELOPPER
(S')ACCROÎTRE (un accroissement)

*La zone de radioactivité risque très vite de **s'étendre**.*

*Ce paysan a **agrandi** son exploitation par l'achat de 100 ha.*

*Par suite d'une rupture de canalisation, l'eau s'**est** très vite **répandue** à travers toutes les caves.*

Hauteur

(SE) (RE)HAUSSER
(SUR)ÉLEVER

*L'enfant fut obligé de **se hausser** sur la pointe des pieds pour atteindre la poignée de la porte.*

*Depuis le temps qu'il est question de **rehausser** le niveau de l'enseignement primaire en France !*

Volume

AUGMENTER
(S')ACCROÎTRE
GROSSIR

*Le volume des exportations françaises s'**est accru** de 2 % au cours des dix derniers mois.*

Temps

PROLONGER
FAIRE DURER

*Depuis 25 ans, les progrès de la médecine ont permis de **prolonger** l'espérance de vie de 10 ans dans les pays industrialisés.*

Poids

(S')ALOURDIR (un alourdissement)

*En mettant des pots de confitures dans sa valise, il l'a terriblement **alourdie**.*

*Avec l'âge, sa silhouette **s'alourdit**.*

114

FORCIR
(devenir plus gros, plus fort)

*Lui, qui était si mince, il a commencé à **forcir** vers la quarantaine.*

Solidité

RENFORCER
(un renforcement)
CONSOLIDER
(une consolidation)

*Le Ministre des Beaux-Arts a décidé de **renforcer** la façade de ce vieil hôtel particulier qui menaçait de s'écrouler.*

L'infériorité : rendre ou devenir plus petit, moins grand... long... lourd...
Quantité, qualité

DIMINUER (DE)
(A)BAISSER (DE)
(SE) RÉDUIRE (DE)
(SE) RESTREINDRE (DE)

*Son salaire **a diminué** de 5 % en un an.*

Avec l'âge, sa vue baisse.

*Le nombre de ses sympathisants **s'est** considérablement **réduit**.*

*À la suite d'un revers de fortune, il a dû **restreindre** son train de vie.*

Espace

RACCOURCIR
(longueur, un raccourci)
TRONQUER
(longueur)
(SE) CONTRACTER
(longueur et volume, une contraction)
(SE) RÉTRÉCIR
(largeur)
(SE) TASSER
(volume, un tassement)
(SE) RÉDUIRE
(dimensions + nombre et force, une réduction)

*Coco Chanel est la 1re modéliste à **avoir raccourci** les robes.*

*« Votre citation n'a aucune valeur, étant donné qu'elle **est tronquée**. » (Débat politique.)*

*Les crampes sont dues au fait que des muscles **se contractent** brusquement.*

*Après l'avoir lavé, il s'est aperçu que son pantalon **avait rétréci**.*

*Ses vertèbres **se sont tassées** lentement, aujourd'hui il est réduit à suivre des séances de rééducation.*

*Louis XV avait des goûts plus simples que son prédécesseur, c'est pourquoi il fit **réduire** certaines salles du château de Versailles.*

115

Durée

ÉCOURTER
ABRÉGER
(diminuer la durée)

L'euthanasie est l'ensemble des procédés médicaux visant à **abréger** *les souffrances d'un malade incurable.*

Poids (propre et figuré)

ALLÉGER
(rendre moins lourd)

Pour **alléger** *le déficit budgétaire, l'État s'est décidé à réduire ses dépenses.*

IV - EXPRESSIONS

1) ÉGALITÉ – ÉQUIVALENCE – ASSIMILATION

Être de la même trempe = de la même valeur (laudatif);
envergure = dimension morale, intellectuelle;
veine = inspiration littéraire;
du même acabit = de la même nature (péjoratif).

C'est blanc bonnet et bonnet blanc = cela revient au même.
Mettre dans le même sac = réunir des personnes dans une même condamnation.
– Sur le même plan
– Sur le même pied $= à égalité.$

« On ne peut mettre sur le même plan, la création d'un opéra et celle d'un clip, aussi réussi soit-il. »

Cela revient au même.
Cela revient à + infinitif : « Choisir, cela revient à éliminer. »
C'est du pareil au même. (L.F.)

C'est kif-kif (bourricot). (L. Pop.)

Ne le céder en rien à = être l'égal de.

Opposition

C'est le jour et la nuit = c'est incomparable.
..., ça fait deux = « l'exactitude et moi, ça fait deux ! »

Infériorité-Supériorité

Ne pas arriver à la cheville de quelqu'un = lui être inférieur
en valeur.
Ne pas être à la hauteur de quelqu'un.
Dépasser quelqu'un de 100 coudées = lui être supérieur.

Comparaison gestuelle

adjectif + comme ça (geste à l'appui)

« J'allais trafiquer avec eux des ivoires longs comme ça. »
(Céline.)

Proverbe

« Il n'y a pire sourd que celui qui ne veut pas entendre. »

OPPOSITION-CONCESSION

SYNTAXE

L'OPPOSITION

Définition
Sensibilisation : Cahier d'exercices 2 — Ex. 1

I - ADVERBES

Au contraire/.../à la place.

II - PRÉPOSITIONS

+ Nom ou pronom.
• Valeur générale : contrairement à/.../au détriment de.
• Opposition + comparaison : face à/.../auprès de.
• Opposition + substitution : à la place de, au lieu de.
+ Infinitif.
  Au lieu de/.../loin de.
Cahier d'exercices 2 — Ex. 2

III - CONJONCTIONS

• Valeur générale : et/.../tandis que.
• Valeurs nuancées :
  Opposition dans le moment : alors que/.../lorsque.
  Opposition dans la durée : pendant que/.../cependant que.
  Opposition de comportements : là où.
  Opposition + comparaison : autant... autant.
  Opposition + substitution : au lieu que.

IV - RENFORCEMENT ET MISE EN VALEUR

• Quant à/.../si...
Cahier d'exercices 2 — Ex. 3

LA CONCESSION

Définition

I - ADVERBES

Pourtant/.../malgré tout.

II - COORDONNANTS
Mais, or, et.

III - PRÉPOSITIONS

+ nom   Malgré/.../pour
+ infinitif   Sans/.../pour
Cahier d'exercices 2 — Ex. 4

IV - CONJONCTIONS

• Valeur générale : bien que/.../sans que.
Cahier d'exercices 2 — Ex. 5
• Valeur restrictive : encore que...
  « Même si » et ses nuances.
Cahier d'exercices 2 — Ex. 6
• Concession simple.
  + double supposition : que... ou que...
  + hypothèse : même si/.../quand.
  + intensité : tout... que.../.../quelque... que.
Cahier d'exercices 2 — Ex. 7
• Emploi particulier
  La restriction et ses nuances : tout... que/.../quel qu'il soit.
Cahier d'exercices 2 — Ex. 8
Cahier d'exercices 2 — Ex. 9
Cahier d'exercices 2 — Ex. 10

V - AUTRES MOYENS

Renforcements et mise en valeur : bien que..., pourtant.
• Tournures faciles : pouvoir/.../opposition.
Cahier d'exercices 2 — Ex. 11
• Tournures complexes : impératif/.../conditionnel passé II.
Cahier d'exercices 2 — Ex. 12
• Expressions figées : si ce n'est.../.../ne fût-ce que...
Synthèse : Cahier d'exercices 2 — Ex. 13

LEXIQUE

L'OPPOSITION

I - NOMS

- Valeur générale : une opposition/.../l'inverse.
- Valeurs particulières :
  obstacles : difficulté/.../répugnance,
  opposition : contre-jour/.../antithèse,
  contradiction : contre-sens/.../contradiction,
  hostilité : désaccord/.../insurgé,
  résistance : résistance/.../insurrection.
Cahier d'exercices 2 – Ex. 14

II - VERBES

- Valeur générale : opposer, répondre.
- Valeurs particulières :
  s'opposer par l'action : s'opposer/.../ s'insurger,
  s'opposer par l'opinion : répondre/.../ braquer,
  s'opposer par le comportement : rechigner,
  s'opposer par le contraste des styles : ... trancher...
Cahier d'exercices 2 – Ex. 15

III - ADJECTIFS

- Valeur générale : opposé/.../rebelle.
- Valeurs particulières : contradictoire/.../ inconciliable.

IV - EXPRESSIONS

LA CONCESSION

I - VERBES

Admettre (que)/.../accorder.
Cahier d'exercices 2 – Ex. 16
Synthèse du dossier :
Cahier d'exercices 2 – Ex. 17
Synthèse comparaison-opposition-concession : Rédaction ou débat en classe (3 architectes, 3 styles).
Synthèse des articulations du raisonnement :
À travers 5 textes d'auteurs, repérer tous les éléments d'articulation du raisonnement.

Syntaxe

Opposition

> **Définition :**
> Il y a opposition quand on rapproche deux faits *de même nature* (événements, comportements...) pour mettre en valeur leurs *différences*.

Tandis que les méridionaux sont expansifs, les nordiques sont réservés.

I - ADVERBES

AU CONTRAIRE

Introduit souvent une proposition *affirmative après une négative.*

*« Je n'avais plus peur. **Au contraire**, j'éprouvais un détachement, une tristesse sereine qui venaient du paysage. » (P. Modiano.)*

Traduit un effet de surprise.

*Après une blague d'aussi mauvais goût, je m'attendais à ce qu'il se mette en colère. Eh bien, **au contraire**, il a éclaté de rire.*

À L'OPPOSÉ (pour des situations très éloignées)
INVERSEMENT (pour des situations contraires en ordre ou en sens)

*Il y a les étudiants qui saisissent immédiatement mais qui risquent d'oublier aussi vite ; **à l'opposé**, il y a ceux qui comprennent lentement mais en qui tout s'imprime définitivement.*

*« Mes deux frères ont eu une évolution absolument contraire : l'aîné s'est assagi au fil des ans ; **inversement**, l'autre, d'enfant silencieux et timide, s'est transformé en vrai diable. »*

EN REVANCHE (L.S.) = en retour – inversement **PAR CONTRE** (L.F. admis aujourd'hui)	*Cet enfant avait de grandes facilités pour les langues,* **en revanche**, *il éprouvait les pires difficultés en mathématiques et physique.* « *Tu reviens bredouille de la chasse ; moi,* **par contre**, *j'ai ramené six truites, superbes, de la pêche !* »

Opposition et substitution

À LA PLACE (L.F.)	« *Tu perds ton temps à regarder ces bandes dessinées,* **à la place**, *tu ferais mieux de lire ton cours d'histoire.* »

II - PRÉPOSITIONS

1) + NOM OU PRONOM

CONTRAIREMENT À **AU CONTRAIRE DE**	*Contrairement aux prévisions, la balance commerciale sera équilibrée cette année.* « **Au contraire de** *Churchill, petit et rond, De Gaulle était grand et sec. A la Libération, en 1944. Bien évidemment !* »
CONTRE **À L'ENCONTRE DE** (L.S. plus souvent employé après des verbes d'action ou de mouvement) **À/AU REBOURS DE** (L.S.) = en sens inverse	« *Je n'arrive vraiment pas à te comprendre ! Tu sembles toujours agir* **contre tes intérêts**. » **Contre toute attente**, *elle est arrivée à l'heure à notre rendez-vous.* *A l'encontre du style de Proust, celui de Camus est fait de phrases courtes et concises.* *Une telle malhonnêteté* **va à l'encontre de mes principes** *moraux.* *Que ce soit pour affirmer sa personnalité ou par amour de la contradiction, de toute façon, elle s'habille toujours* **au rebours de la mode**.

À L'OPPOSÉ DE À L'INVERSE DE	*Jean aimait les sports violents, les sorties en bande, les blagues vulgaires, tout **à l'opposé de** son frère.* *« Montaigne ne s'habillait guère que de noir et de blanc, je sais !... Eh bien moi, **à l'inverse de** ton Montaigne, j'adore les couleurs vives... criardes même ! »*
AU DÉTRIMENT DE (L.S.) = qui va contre l'intérêt de	*« Je me méfie de la précipitation qui se fait toujours **au détriment de la qualité** d'un travail. »*

Opposition + Comparaison

FACE À/EN FACE DE À CÔTÉ DE/AUPRÈS DE	*En face de l'intransigeance du ministre, les étudiants décidèrent d'une grève générale.* *Face à* *A côté de* } *Goliath, David paraissait bien chétif et inexpérimenté.* *Auprès de*

Opposition et Substitution

AU LIEU DE À LA PLACE DE (L.F.)	*Il a été vraiment surpris quand elle lui a demandé* ***au lieu d'un bijou*** ***à la place d'un bijou*** *un week-end en tête à tête à la campagne.*

2) PRÉPOSITIONS + INFINITIF

AU LIEU DE	***Au lieu de** se montrer calme et pondéré, dans ses propos, il s'est laissé aller à son tempérament et s'est mis en colère.*
(BIEN) LOIN DE (les résultats obtenus sont très différents, éloignés de ceux attendus) + Expres. : LOIN DE LÀ (= bien au contraire)	*Ce traitement (bien) **loin d'améliorer** l'état du malade, paraît l'affaiblir de jour en jour.* *Ses supporters espéraient voir leur champion se reprendre.* ***Loin de là**, celui-ci, moralement battu, s'effondra en fin de match.*

III - CONJONCTIONS

De valeur générale

ET
ALORS QUE
TANDIS QUE

Opposition de personnes

« Ce sont les meilleurs amis du monde. Pourtant, elle, elle est originaire du Brésil { *et lui, il vient de l'Afghanistan !* » / *alors que*

Opposition de comportements

Alors qu'*en matière de morale sexuelle les jeunes sont souvent tolérants, les moins jeunes se montrent souvent rigoristes. (Nouvel Observateur.)*

Opposition d'actions

*« Tu as quitté l'école dès 14 ans **tandis que** moi, je suis entré dans la vie active seulement à 25 ans ! »*

Opposition de descriptions

*Pour l'éclairage et la protection des tableaux du Musée d'Orsay, la voûte a été recouverte d'une « peau » intérieure en verre qui laisse passer la lumière **tandis qu'****un verre traité filtre les rayons ultra-violets. (Télérama.)*

Opposition dans le moment

ALORS MÊME QUE	
QUAND	L. écrit et Littér.
ou	et
LORSQUE	L. parlée dans des
(plus rare)	phrases souvent
	exclamatives
	(insistance)

*« **Alors** (même) **que** je me prépar**ais** à sortir, mes amis sont arriv**és** ! »*

On eût dit qu'elle mettait tout en œuvre pour s'auto-détruire, **quand,** / **lorsque** } *de mon côté, je m'efforçais de lui redonner confiance.*

*« Je **remuais** ciel et terre pour trouver du travail **quand *****, lui, il jouait aux cartes dans les cafés ! »*
* au même moment.

Opposition dans la durée

PENDANT QUE
TANDIS QUE
CEPENDANT QUE
(plus rare) (L.S.)

Pendant que *tu te laiss**ais** dorer au soleil des Antilles, moi, je te cherch**ais** dans la grisaille de Paris.*

*« Mon père et mon oncle, en pantoufles et peignoir, bavard**aient** **tandis que** leurs costumes séch**aient** devant les flammes de l'âtre. » (M. Pagnol.)*

*« Le deutschemark se maintient à son niveau d'hier, **cependant que** le dollar amorce une légère remontée. » (Informations boursières-Radio.)*

Opposition de comportements face à une même situation

LÀ OÙ

« *Je suis toujours stupéfait par sa lenteur :* **là où**, *à moi, il me faut 10 minutes pour un faire un travail, à lui, il lui en faudra 30 !* »

Là où *il aurait dû faire preuve de patience et de persévérance, il s'est précipité. Résultat : son plan est tombé à l'eau.*

Opposition et Comparaison symétriques

AUTANT... AUTANT...

Autant, *le mois dernier nous passions des vacances* **paisibles**, **autant**, *depuis son arrivée, l'ambiance est* **infernale**.

Opposition et Substitution

Si *au lieu que* annonce un *fait accompli* → *indicatif*

Les Français **sont** *restés longtemps* **sceptiques** *quant aux performances des vins américains* **au lieu qu'***aujourd'hui, les spécialistes* **sont d'accord** *pour leur reconnaître d'indéniables qualités. (Le Monde.)*

S'il annonce un *fait non accompli* → *subjonctif*

Au lieu que * *Frédéric* **ait suivi** *mes conseils, on m'a dit qu'il n'en avait fait qu'à sa tête.*
* *Frédéric n'a pas suivi* **mes conseils**.

IV - AUTRES MOYENS

RENFORCEMENTS ET MISE EN VALEUR

Renforcement du sujet de la principale par

Un pronom personnel de reprise.

Alors **que** *Monsieur le Maire se montrait réservé,* **ses conseillers, eux,** *ne se privaient pas de critiquer les nouvelles mesures.*

Ce même pronom précédé de QUANT À

Les 30-40 ans sont peu enclins à économiser ; **les 18-30, quant à eux,** *ont un sens aigu des lendemains.*

Des expressions équivalentes de QUANT À

Les étudiants sont de plus en plus soucieux de trouver un débouché sur le marché du travail, les patrons,
pour leur part
de leur côté ⎫
pour ce qui les concerne ⎭ sont de plus en plus exigeants
sur la valeur des diplômes des candidats à un emploi.

« Les Français, dans l'ensemble, sont peu attirés par le sport, en revanche, *pour ce qui est de* la bagatelle... »

Pour promettre, il est très fort. *Pour ce qui est de tenir* ses promesses, il en va tout autrement.

Mise en valeur par SI

Si est placé au début d'une proposition ; *l'adverbe* d'opposition, dans l'autre.

Si sa mère le soutient dans son désir de faire du théâtre,
son père ⎰ *au contraire* ⎱ l'en dissuade.
⎱ *en revanche* ⎰

Dans le domaine de la chanson, *si* les années 60 sont considérées comme une période de bouillonnement créatif, **inversement**, les années 50 apparaissent aujourd'hui comme un temps de ronronnement traditionaliste.

Concession

Définition :
Il y a concession quand un *obstacle* reconnu ou envisagé reste ou restera *sans effet* sur la conséquence.

Malgré son mauvais caractère, je l'aime comme elle est.
(= je reconnais, je concède qu'elle a mauvais caractère mais cela ne change rien à mes sentiments pour elle.)

I - ADVERBES

POURTANT

*La lecture est une devinette : pour lire, il faut inventer. Cela paraît étrange. C'est **pourtant** comme cela que fonctionne le lecteur. Il fait des hypothèses sur ce qu'il va lire, hypothèses qu'il confirme en poursuivant. (Nouvel Observateur.)*

Il s'est engagé, les yeux fermés, dans cette affaire
***pourtant** douteuse*
*douteuse **pourtant.***

CEPENDANT

*L'idée de souffler du mucus dans l'étoffe délicate d'un mouchoir et de renfermer le tout dans ma poche, me paraissait absurde et dégoûtante. **Cependant,** comme les enfants viennent trop tard pour faire l'éducation des parents, il faut respecter leurs manies. (M. Pagnol.)*

*Elle confond les noms, les dates, les lieux. **Et cependant,** un souvenir lui revient de façon régulière, deux fois par semaine, à la même heure, au même endroit, un souvenir plus net que les autres. (P. Modiano.)*

NONOBSTANT

*La femme moderne a réussi à conquérir bon nombre de droits, inimaginables voilà 30 ans. **Nonobstant,** se sent-elle mieux dans sa peau? (Nouvel Observateur.)*

NÉANMOINS TOUTEFOIS (L.S.) = malgré toutes ces bonnes raisons, en dépit de tout cela

*Tous les incendies de forêt ne sont pas dus à la malveillance. Il est **néanmoins** troublant qu'à chaque coup de mistral, des foyers se déclarent simultanément.*

*Les manifestations des étudiants ont pris une ampleur inattendue, **toutefois** le gouvernement a décidé de ne pas retirer la loi.*

SEULEMENT (en tête de phrase) **MALHEUREUSEMENT** (sentiment, regret, L.F.)	« *Évidemment, cette voiture possède tous les avantages que nous recherchons.* **Seulement** *voilà, son prix est au-dessus de nos moyens !* » « *Il est intelligent ; il a des yeux bleus fantastiques. Il est même superbement musclé.* **Malheureusement,** *je ne l'aime pas !* »
QUAND MÊME (ou après le verbe, ou en fin de phrase pour la mise en valeur) **TOUT DE MÊME** (ou après le verbe, ou en début de proposition pour la mise en valeur) **MALGRÉ TOUT**	« *Je me demande ce qu'ils ont l'intention de faire de moi... Ils ne peuvent* **quand même** *pas me jeter dehors ! / ... Ils ne peuvent pas me jeter dehors,* **quand même !** » « *Il fallait qu'il rende son projet aujourd'hui, or il a été pris dans les embouteillages.* **Tout de même,** *il aurait pu m'avertir qu'il serait autant en retard !* *...Il aurait* **tout de même** *pu m'avertir qu'il serait autant en retard !* » *Le chômage est loin d'être vaincu dans les pays industriels, les gouvernements s'efforcent,* **malgré tout,** *de ne pas l'aggraver.*

II - COORDONNANTS

Opposition simple.

MAIS	*Bedossian était en retard dans ses études,* **mais** *il rattraperait bien vite tous les autres et sauterait deux classes à la fois...*

Mise en relief, en tête de phrase.

... Avec la lampe électrique, il put s'enfermer sous les draps, il étouffait, il s'abîmait la vue. **Mais** *il lisait ! (R. Sabatier.)*

Opposition pour une démonstration révélant une impossibilité.

OR	*Il aurait fallu encore 2 heures pour atteindre le sommet,* **or** *le soleil était déjà en train de passer derrière la montagne. Ils ont décidé de rebrousser chemin.*

Une contradiction.

Nous traversons une période de froid exceptionnelle, **or** *nous sommes en juin.*

« *Vous voulez à tout prix me faire dire que je n'ai pas voulu vous ouvrir.* **Or,** *quand vous sonniez chez moi, j'étais à la banque. Renseignez-vous et vous verrez !* »

En tête de phrase : mise en relief.

« On n'use pas de ses propres sortilèges sans de graves raisons, ainsi leur usage est-il généralement volontaire et rare. Or, de ce vieil homme robuste, sain, bien équilibré, la force magnétique émanait naturellement. (H. Bosco.)

Précédé d'une virgule : opposition doublée d'un sentiment.

ET

« Il insulte sa mère, il la bat, et elle l'aime toujours autant ! » (Sentiment d'indignation, d'incompréhension.)

Phrase se terminant souvent par une exclamation.

« Elle n'a ni les diplômes, ni la compétence nécessaires, et elle voudrait ce poste ! » (Sentiment de réprobation.)

III - PRÉPOSITIONS

1) + NOM OU PRONOM

MALGRÉ

Malgré ses 70 ans, il pouvait abattre presque autant de travail qu'un homme dans la force de l'âge.

« C'est vraiment un enfant méchant ! Malgré lui, il ne peut s'empêcher de faire le mal. »

SANS = bien que... ne pas

Sans connaissance réelle des problèmes, il a été promu responsable du projet.

EN DÉPIT DE = malgré en L.S. AU MÉPRIS DE = sans tenir compte de

En dépit des recherches effectuées à l'intérieur et autour du bateau, le corps du navigateur n'a pu être retrouvé.

En dépit }
Au mépris } *du danger, ils tombèrent tous d'accord pour continuer l'ascension.*

NONOBSTANT malgré en L. Litt. • Langage administratif et juridique. • Expression vieillie qui revient à la mode	*« Nonobstant sa formation de juriste, il ne pourra vous être d'aucun secours pour cette affaire complexe et qui retourne de la justice. »*
AVEC (idée de moyen inutile)	*« Avec son éloquence, il n'a finalement convaincu personne! »* *(malgré)* *Avec tout son argent, il n'a jamais pu trouver le bonheur.* *(malgré)*
POUR (idée de comparaison) = par rapport à (emploi limité)	*Vraiment, pour son âge, elle a une vitalité étonnante.* *(= malgré ses 60 ans)* *« Pour une fin novembre, nous jouissons d'une température d'une douceur exceptionnelle. »* *(= Bien que nous soyons fin novembre et par rapport aux autres années.)*

2) + INFINITIF

SANS = bien que... ne... pas	*Sans le connaître vraiment, je pouvais prévoir sa réaction.* *Sans avoir jamais pratiqué ce métier, elle révélait des dons étonnants.*
AU RISQUE DE = bien que... + idée de risque **QUITTE À** = même si... + devoir (idée de probabilité)	*Au risque d'être exilé, Victor Hugo s'opposa violemment au coup d'État de Louis-Napoléon, futur Napoléon III.* *(= Bien qu'il risquât d'être exilé...)* *« Quitte à être fatigué demain matin, je travaillerai une partie de la nuit! »* *(= Même si je dois être fatigué...)*
Cause + Opposition **POUR** (L.S. et Litt.)	*Pour être bardé de diplômes, il n'est pas pour autant le meilleur ingénieur de notre société.* *Pour avoir passé dix ans en Chine, la connaît-il vraiment mieux que toi qui y es resté seulement quelques mois, mais chez l'habitant?*

IV - CONJONCTIONS

A valeur générale

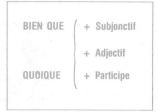

« *Bien qu'il pleuve, les Parisiens n'ont pas hésité à venir nombreux sur les Champs-Élysées pour assister à l'arrivée du Tour de France. »* (Commentaire télévisé.)

Quoique * *(il soit) fort rusé, Satan trouve encore souvent plus rusé que lui.* (Contes de Paris - 1981.)

Bien que * *(elle fût) guérie, elle dut prendre encore du repos.*

  * Ellipse du verbe possible

> SANS QUE + subj.
> (= bien que... ne... pas)

Sans qu'il sût pourquoi, Simon ferma les yeux et se mit à marcher en tâtant le macadam avec le bout ferré de sa canne. (A. Robbe-Grillet.)

Il était gravement malade sans que rien ne permît de s'en rendre compte.

Idée de restriction

> ENCORE QUE + subj.
> (reprend une affirmation
> pour la nuancer)
> (L.P.) (quand la restriction
> est évidente pour le locuteur
> il n'achève pas sa pensée et laisse
> se prolonger le e muet)

Tous les connaisseurs considèrent que le bordeaux est le roi des vins. Encore que le bourgogne ait ses partisans.

Les sondages montrent une chute très nette de la popularité du Président ; encore que les résultats ne soient pas toujours fiables !

Encore queeeeeeee...

MÊME SI : NUANCES ET ÉQUIVALENTS

Concession simple

> MÊME SI   + passé comp.
>   + présent

Même si ce jeune pianiste n'a pas décroché de grand prix international, il poursuit tout de même une brillante carrière dans le monde entier.

Même si peut se réduire à si.

Si la « route du rhum » fait chaque année des victimes, cette course transatlantique reste avant tout une épreuve sportive de haut niveau.

Concession + double supposition

<table>
<tr><td>

MÊME SI..., MÊME SI...

QUE + subj.
{ OU QUE + subj.,
OU NON,
OU PAS (L.F.)
... + indicatif }

(forme d'insistance)

</td><td>

Même s'il vente,
même s'il neige,
Qu'il vente ou qu'il neige, } *il ne renoncera pour rien au monde à sa promenade quotidienne.*

« *Que ça vous plaise ou non, je ne reviendrai pas sur ma décision.* »
(= *même si cela vous plaît, même si cela ne vous plaît pas, je...*)

</td></tr>
</table>

Concession + idée d'hypothèse

<table>
<tr><td>

MÊME SI + { imparfait,
plus-que-parfait, }

... + { imparfait
conditionnel
(prés. ou passé) }

</td><td>

Même si elle n'en avait pas envie, elle l'accompagnait à son travail.

Même s'il n'était pas atteint par la limite d'âge, il démissionnerait.

Même s'il avait gagné aux cartes ce soir-là, il aurait de toute façon tout reperdu dès le lendemain.

</td></tr>
</table>

<table>
<tr><td>

QUAND BIEN MÊME
QUAND MÊME (L. Litt.)
QUAND (L. Vieilli)
+

p-que-p. → imparfait/p.q.p.
(conséquence habituelle passée)
imparfait → imparfait
présent → pr./futur
(conséquence habituelle)
cond. pr. → cond. présent
(conséquence possible)
→ pr./futur
(conséquence certaine)
cond. passé → cond. passé
(cons. possible passée)

</td><td>

Quand bien même il tombe de sommeil, il assiste au concert jusqu'au bout.

Quand bien même Paris ne décrocherait pas le titre de capitale olympique, son pouvoir d'attraction ne s'en ressentirait pas.
(ou : *son pouvoir d'attraction ne s'en ressentira pas*).

Un ancien intellectuel, quand il serait devenu maçon, ... est toujours un aristocrate. (Péguy.)

</td></tr>
</table>

Concession + idée d'intensité

<table>
<tr><td>

TOUT(E)
POUR
SI } + adj. + QUE + subj.

avec être et paraître

AUSSI + adj. + subj.
inversion du sujet (L.S.)

QUELQUE* + { adj.
+ QUE + subj.
nom }

* Quelque suivi d'un adjectif
ne s'accorde pas :
c'est un adverbe.
Quelque suivi d'un nom s'accorde :
c'est un adjectif.

</td><td>

= Même si ... très / beaucoup
La restriction est un jugement personnel qui porte sur une qualité.

Tout sûr de lui qu'il soit, ce candidat devra se soumettre à une sélection sévère.

Pour fascinante que soit cette chanteuse rock, sans micro elle n'a aucune voix.

Si alléchante que paraisse cette proposition, tâchez de prendre conscience des risques qu'elle comporte.

« *Aussi captivant soit-il, je trouve que ce roman manque d'unité, que l'intrigue n'est pas passez resserrée.* » *(Émission littéraire.)*

« *Quelque amères que vous soyez, quelques ressentiments que vous éprouviez envers ceux qui vous ont trahis, transformez votre amertume en compassion.* » *(R. Barjavel.)*

</td></tr>
</table>

Emplois particuliers

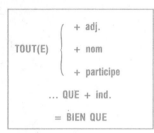

TOUT(E)
- \+ adj.
- \+ nom
- \+ participe

... QUE + ind.

= BIEN QUE

a) La restriction porte sur *une réalité* qui est une qualité, un état...

Tout devant un adjectif féminin commençant par une consonne ou un h aspiré s'accorde par euphonie.

« *Tout français qu'*il est, il est allergique au vin ! »

« *Tout Président-Directeur Général que* vous êtes, y a pas de raison, à la queue, comme les autres ! »

*Toutes jaunies qu'*elles sont, les vieilles cartes postales gardent un charme certain.

b) La restriction porte sur une *personne,* une *action,* un *lieu :*

QUI QUE + sujet + verbe être
(s'emploie surtout avec tu et vous)

« *Qui que vous soyez* – prince ou laboureur – n'oubliez jamais que nous appartenons tous à une seule et même famille : celle de l'humanité ! »

prép. + QUI QUE + CE SOIT
(après une négation)
(= même si c'est quelqu'un de connu)

Elle n'ouvre jamais sa porte la nuit *à qui que ce soit.*
(même si elle reconnaît la voix d'un ami)

QUOI QUE + verbes faire, dire, penser...
(= malgré ce que vous faites, ce que vous direz, ce que vous penserez...)

« *Quoi qu'on fasse,* c'est toujours le portrait de l'artiste par lui-même qu'on fait. Cézanne, c'était une pomme de Cézanne. » (J. Giono.)

QUOI QUE CE SOIT
(= même s'il s'agit de quelque chose, d'un événement rare, extraordinaire)

S'il m'arrivait *quoi que ce soit* pendant mon absence, vous savez où me joindre.

QUOI QU'IL ARRIVE, ADVIENNE...
(= même s'il arrive un événement exceptionnel)

Cette nuit passera comme toutes les nuits, le soleil se lèvera demain : elle est assurée d'en sortir, *quoi qu'il arrive.* (F. Mauriac.)

OÙ QUE + subj.
(verbes être, aller...)
(= même si vous êtes, même si vous allez dans des endroits divers)

Il exerçait sur tous, *où qu'il allât,* le même charme hypnotique. (A. Castelot à propos de Napoléon.)

QUEL(LES) QUE SOI(EN)T
QU'AI(EN)T ÉTÉ
QU'AI(EN)T PU ÊTRE

« *Miraculeusement, l'idéal scientifique demeure fermement accroché au cœur des chercheurs, *quel que soit* le régime socio-économique duquel ils dépendent. » (Prof. J. Dausset.)

QUEL(S) QU'IL(S) SOI(EN)T
(= même si c'est une personnalité, même si c'est un inconnu)

« Il était d'emblée familier avec tous les clients, *quels qu'ils soient.* » (G. Simenon.)
(même si c'étaient des clochards).

V - AUTRES MOYENS

1) RENFORCEMENTS ET MISE EN VALEUR

Renforcement d'une conjonction par un adverbe

Prop. sub., prop. principale	
BIEN QUE	POURTANT
QUOIQUE	CEPENDANT
MÊME SI	TOUT DE MÊME
SI	, QUAND MÊME
TOUT... QUE	TOUTEFOIS
POUR... QUE	NÉANMOINS
SI... QUE	MALGRÉ TOUT
AUSSI...	
QUELQUE... QUE	

Bien que } *Quoique* } *l'enseignement du cinéma soit en France assorti de diplômes nationaux, l'assurance de débouchés reste* { *toutefois* } { *néanmoins* } *aléatoire.*

Même si } *Si* } *ce pianiste n'a pas une technique transcendante, il a* **tout de même** } **quand même** } *un toucher d'une rare musicalité.*

« *Salut Folcoche ! Je suis* **quand même ton** *fils* **si** *je ne suis pas ton enfant.* » *(H. Bazin.)*

Tout *malade* **qu'**il fût, il continuait **malgré tout** à diriger ses affaires, à se dépenser comme si de rien n'était.

Pour rendre une affirmation plus objective, nuancer son point de vue

(IL) N'EMPÊCHE QUE
IL N'EN DEMEURE PAS MOINS...
EST
RESTE

Bien que ce chanteur ne fasse pas l'unanimité du public, **(il)** **n'empêche qu'**à chacun de ses récitals, il fait salle comble.

La haute couture française n'est accessible qu'à un petit nombre de Françaises privilégiées, elle **n'en demeure pas moins** *une de nos industries les plus appréciées auprès de la riche clientèle étrangère.*
ou
...elle n'en représente pas moins une...

Pour nuancer à l'avance un jugement

AU DEMEURANT
PAR AILLEURS

Ce ministre, [qui est], { *au demeurant,* { *par ailleurs,* *fort capable, n'a pas atteint tous ses objectifs.*

Même si ce ministre est, **au demeurant,** *fort capable, il n'a pas atteint tous ses objectifs.*

Après une idée de doute, d'embarras, d'interrogation, on rappelle ce qui est certain

QUOI QU'IL EN SOIT
TOUJOURS EST-IL QUE
EN TOUT CAS
DE TOUTE FAÇON
(= quelle que soit la vérité,
quel que soit le cas)

« *A-t-il disparu au cours de la tempête ? A-t-il été récupéré par des pêcheurs ? On l'ignore...*
Quoi qu'il en soit,
Toujours est-il que } *son bateau a été retrouvé vide.* »

« *Ton prof est **peut-être** maniaque, **en tout cas**, il obtient des résultats.* »

2) TOURNURES FACILES ET FRÉQUENTES

POUVOIR

Si **mais** ne relie pas les deux propositions, les adverbes **toujours** ou **bien** s'intercalent parfois entre **pouvoir** et l'infinitif.

« *Tu **peux** appeler mais*
*Tu **peux toujours** appeler,* } *il ne répondra pas : il a décroché son téléphone pour travailler en paix !* »
(= Tu es libre d'appeler, mais...)

*Elle **pourrait** tomber dans la misère la plus noire, il ne lèverait jamais le petit doigt tant il est égoïste.*
(= Il est tout à fait possible qu'elle tombe, mais...)

Ce verbe ne peut pas être suivi d'un terme de concession comme **mais** ou **cependant**.

AVOIR BEAU
= bien que – quoique
(fournir des efforts en vain)

« *Il **a eu beau** multiplier les démarches auprès du ministre, il n'a pu obtenir son audience !* »
(= Toutes ses démarches ont été vaines.)

*Ses parents **avaient eu beau** lui faire miroiter monts et merveilles, elle ne céda pas.*
(= Bien que ses parents lui aient fait miroiter...)

| *N.B. :* Aux temps composés, deux constructions possibles : |

*Il a eu beau **multiplier** ou Il a beau **avoir multiplié**.*
*Ses parents **avaient eu beau** lui **faire** miroiter.*
*Ses parents **avaient beau** lui **avoir fait** miroiter.*

MÊME + { adj.
           gérondif

= même si

Même vieux, il avait su conserver un certain charme.
*Elle était devenue si célèbre que, **même en s'enlaidissant**, elle était reconnue dans la rue.*

<table>
<tr><td>

CONDIT. + { QUE / ou / , } + CONDIT.

(= même si + imparfait/pl.-q.-p.)

</td><td>

« Tu me **dirais** le contraire **(que)** je ne te **croirais** pas ! » *(Simone de Beauvoir.)*

</td></tr>
</table>

PROPOSITION RELATIVE

placée *entre virgules* et souvent mise en valeur par un *adverbe*.

« Il n'a pas tenu compte des conseils de prudence, **dont** la radio nous avait **pourtant** abreuvés, et il s'est retrouvé bloqué dans les embouteillages de départ en vacances. »

À leur grande surprise, Jennifer, **qui** avait loué sa place plusieurs semaines à l'avance, n'était pas venue au concert.

> Le participe a le même sujet que la principale.

PROPOSITION PARTICIPIALE :

GÉRONDIF
(introduit par TOUT EN)

PARTICIPE PRÉSENT/PASSÉ
(L.S.)

« **Tout en regrettant** sincèrement ses réactions violentes, il ne peut pas toujours les contrôler. C'est terrible ! »

Travaillant d'arrache-pied, il ne parvient **quand même** pas à suivre le rythme du groupe.

Battu par deux fois, **il** ne désarmait pas et se préparait à un 3e combat.

Ayant épuisé toutes les satisfactions que peut procurer la gloire, **elle** ne parvenait pas à se détacher de ce monde de vanité.

APPOSITION :
nom
adjectif

souvent renforcée par un adverbe.

Fils du peuple, il avait su **pourtant** se faire adopter par toutes les classes sociales.

Timide, elle faisait tout son possible pour le dissimuler en société.

3) TOURNURES COMPLEXES

Impératif + { futur / présent }

(en tête de phrase)
= même si + prés./p. comp.

traduit parfois un sentiment de déception mêlé à de l'ironie.

Chassez le naturel, il revient au galop. *(Proverbe français.)*
(= même si vous   chassez...
                avez chassé...)

Mariez-vous, vous le regrett**erez**; ne vous **mariez** pas, vous le regrett**erez** aussi. *(Rivarol.)*

<table>
<tr><td>

Condit. + { QUE / , } + Cond.

(avec inversion sujet) (L.S.)
= même si + imp./pl.-que-p.

</td><td>

Travaillerait-il sa voix tous les jours, il ne serait jamais prêt pour présenter le concours du Conservatoire.

L'aurait-il fait prévenir qu'elle ne se serait pas dérangée.

« *Ne lui offrirais-tu qu'une rose, tu lui ferais plaisir.* »
= *même si tu lui offrais seulement...*

</td></tr>
</table>

<table>
<tr><td>

Condit. passé
2ᵉ forme , + { indic. / cond. }

(avec inversion sujet)
(L.S. et L. Litt.)
= même si + présent/
imp./pl.-que-p.

</td><td>

Forme essentiellement employée avec être, avoir, et devoir.

Fût-elle nombreuse et efficace, la police n'est jamais une solution aux problèmes de société qui engendrent petite et moyenne délinquance. (Le Monde.)
(= même si elle est nombreuse)

Dût-elle y perdre la vie, elle accompagna l'expédition partie à la recherche de son mari.
(= même si elle devait perdre.../Au risque de perdre)

Eût-il été étonné, il n'en aurait rien laissé paraître. (P. J. Héliaz.)
(= même s'il avait été étonné)

Notre mère ne prévoyait pas ce que nous sommes devenus. Mais, l'eût-elle prévu, comment aurait-elle pu taire ce qui était? (M. Duras.)
(= même si elle l'avait prévu)

</td></tr>
</table>

<table>
<tr><td>

Expressions figées :

NE SERAIT-CE QUE
(L.S.)
NE FÛT-CE QUE + compl.
(L. litt.)

</td><td>

Tu lui offrirais ne serait-ce qu'une rose, tu lui ferais plaisir.
(= même si tu lui offrais seulement une rose)

« *Tiens! moi aussi, je ferais bien un stage pour apprendre à voyager dans l'espace; ne serait-ce que par curiosité!* »
(= même si c'est seulement parce que je suis curieux)

« *Moi? Non, je ne regrette rien. Si ce n'est que j'aurais pu profiter plus de la vie.* »

</td></tr>
</table>

<table>
<tr><td>

SI CE N'EST
+ { nom / indic. / cond. }
(SI CE) N'ÉTAIT

(L.F.) = sauf (que)

</td><td>

« *(Si ce) n'était ce nez droit, ce serait tout sa mère!* »

</td></tr>
</table>

Lexique

I - NOMS

L'opposition

1) VALEUR GÉNÉRALE

UNE OPPOSITION
L'OPPOSÉ
LE CONTRAIRE
L'INVERSE

Le projet de loi souleva une telle opposition dans l'opinion que le gouvernement dut l'abandonner.

Tandis que mon frère est casanier, je suis tout $\left\{ \begin{array}{l} \textbf{l'opposé} \\ \textbf{le contraire} \end{array} \right.$ *j'aime voyager et faire de nouvelles rencontres.*

Un humoriste a dit : « Le socialisme, c'est l'exploitation de l'homme par l'homme ; le communisme, c'est l'inverse ! »

2) VALEURS PARTICULIÈRES

Obstacles

Dans les actions, projets

UNE DIFFICULTÉ
UN EMPÊCHEMENT
UN CONTRETEMPS
(en musique : jouer, chanter à contretemps = sans tenir compte du rythme de l'orchestre)
UN OBSTACLE
UNE ENTRAVE (À)
(L.S.)

« Ça y est ! Je la tiens enfin, ma carte de séjour, mais ça n'a pas été sans difficultés, il manquait toujours un document. »

« Chère amie, $\left\{ \begin{array}{l} \textbf{un empêchement} \\ \textbf{un contretemps} \end{array} \right\}$ *de dernière minute — ma belle-mère ! — m'oblige à remettre à plus tard notre rendez-vous. »*

Lorsque la censure est trop fréquente, elle devient une entrave grave à la liberté de la presse.

Dans les sentiments

UNE CONTRARIÉTÉ (avoir, connaître, causer...) = petit chagrin causé par une opposition

Le couturier lui avait promis que sa robe serait prête pour le jour du cocktail; or, rien n'était fait; cela lui causa une réelle **contrariété**.

Dans les goûts

UNE ANTIPATHIE (éprouver, ressentir, inspirer) = une sympathie UNE ANIMOSITÉ UNE RÉPULSION * = dégoût physique et moral UNE AVERSION * UNE RÉPUGNANCE * * (L.S.)

Lors de leur première rencontre, George Sand et Chopin éprouvèrent l'un pour l'autre la plus vive **antipathie**.

À en juger par l'**animosité** dont témoignent, dans les embouteillages, certains automobilistes à l'égard les uns des autres, on dirait que la voiture développe l'agressivité.

Une majorité de Français manifestent une certaine **répulsion** à l'égard de l'insémination artificielle.

Opposition

Dans l'espace

UN CONTRE-JOUR = éclairage opposé au regard

Lire à **contre-jour** fatigue souvent les yeux des personnes âgées.

Dans les sons, les tons

UNE DISSONANCE UNE DISCORDANCE

En raison de ses **dissonances**, la musique moderne irrite bien des oreilles.

Dans la signification

UNE ANTITHÈSE (opposition, contraste de pensées)

« Un roi, c'est de la guerre; un dieu, c'est de la nuit. » Dans ce vers de Victor Hugo, l'**antithèse** oppose « roi » et « dieu », « guerre » et « nuit ».

Contradictions

Dans la signification

UN CONTRESENS

*Préparer les étudiants à la recherche sans leur donner, une fois diplômés, les moyens d'en faire, est un **contresens** inacceptable. (L'Événement.)*

Dans le raisonnement

UNE CONTRADICTION
UN PARADOXE
UNE ANTINOMIE (L.S.) = contradiction

*Les Français savent parler légèrement des choses graves et gravement des choses légères : cela fait partie de leurs **contradictions**.*

Hostilités

Dans l'action, dans le comportement, dans les idées...

UN DÉSACCORD
UN ANTAGONISME
UNE HOSTILITÉ
UNE RIVALITÉ
UNE LUTTE
UN DUEL
UN HEURT
UN COMBAT

*Les négociations entre patrons et représentants syndicaux n'ont pas abouti ; ceux-ci se sont séparés sur un **désaccord** total.*

*Pendant près d'un siècle en France, un **antagonisme** farouche a opposé catholiques et francs-maçons.*

La nature de cet antagonisme entre idées, opinion est donnée par les mots commençant par le préfixe ANTI : contre et se terminant par le suffixe -ISME (inanimé) et -ISTE (animé).
Ex. : l'anticapitalisme, un anticommuniste.

Américains et Japonais se livrent
un duel
une lutte } *sans merci pour la suprématie mondiale*
une rivalité
dans le domaine de l'informatique.

Les noms composés du préfixe ANTI (ne pas confondre avec le préfixe ANTI = avant. *Ex. :* antidater un chèque) et du préfixe CONTRE expriment l'idée de lutte contre les effets de quelque chose.
Ex. : un antibiotique, le contre-espionnage, un contre-poison.

D'intérêts

UN DÉSAVANTAGE
UN DOMMAGE (causer, provoquer)
UN PRÉJUDICE (causer)

*Être célibataire présente certains avantages et **un désavantage** certain : payer plus d'impôts que les gens mariés.*

*A la veille des fêtes de fin d'année, ces grèves de métro et d'autobus ont causé **un préjudice** important aux grands magasins parisiens qui ont vu leur chiffre d'affaires baisser.*

*L'ouragan qui s'est abattu sur l'île a provoqué des **dommages** énormes : plusieurs villages ont été entièrement détruits.*

D'opinion

UNE OBJECTION (faire, soulever)
UNE CONTESTATION
UNE CONTROVERSE (provoquer, soulever) = opinions contraires

*Parce que sa famille faisait **objection** à son mariage, elle prit la décision de rompre toute relation avec les siens.*

*Le printemps de 1968 aura été marqué par une immense vague de **contestation** étudiante à travers le monde.*

*Salvador Dali : fou ou génie? Rarement artiste aura soulevé une telle **controverse** sur sa personne.*

UN OPPOSANT
UN ADVERSAIRE
UN CONTESTATAIRE
UN REBELLE = opposant à l'ordre établi
UN INSURGÉ

*Le dernier championnat du monde d'échecs a opposé deux **adversaires** de force à peu près égale puisqu'ils ont fait match nul.*

*Alors qu'étant étudiant, c'était un **contestataire** farouche, c'est devenu un père de famille tout ce qu'il y a de plus rangé et même pantouflard.*

Face à la peinture académique et officielle qui ornait les principaux édifices de la République, les Impressionnistes faisaient figure ⎰ *de **rebelles***
⎱ *d'**insurgés.***

(Animés)

Résistance

UNE RÉSISTANCE
UNE ÉMEUTE
UNE RÉVOLTE
UNE RÉBELLION = révolte individuelle ou collective
UNE INSURRECTION = révolte collective
UNE FRONDE (L. Litt.)

*Au XIXᵉ siècle, Paris a été le théâtre par excellence de toutes les **frondes** populaires, d'où les travaux d'Haussmann destinés à raser les quartiers « dangereux ».*

Plusieurs ⎰ *révoltes* ⎱
⎰ *rébellions* ⎱ *dans les prisons françaises ont*
⎱ *insurrections* ⎰
voulu attirer l'opinion publique sur des conditions de détention archaïques.

L'opposition

1) VALEUR GÉNÉRALE

> OPPOSER (à)
>
> RÉPONDRE à qqch (par)
> à qqn (par)

« Quand vous avez un train à prendre, vous arrivez à l'heure, non ? » demanda le directeur à sa secrétaire toujours en retard. Il n'y avait pas grand-chose à { *opposer* } *à cela.*
{ *répondre* }

2) VALEURS PARTICULIÈRES

S'opposer par l'action, la loi...

> S'OPPOSER (à ce que + subj.)
>
> DEFENDRE (de + inf.)
> (que + subj.)
>
> INTERDIRE (de + inf.)
> (que + subj.)

Contrairement aux parcs anglais, dans les parcs français, le règlement...
s'oppose à ce que l'on marche sur les pelouses.
défend de marcher sur les pelouses.
interdit de marcher sur les pelouses.

> EMPÊCHER qqn ou qqch
>
> CONTRARIER
> = 1° empêcher —
> 2° causer du chagrin
>
> ENTRAVER (L.S.)
>
> CONTRECARRER (L. Lit.)

Les écologistes auront tout fait pour
empêcher
contrarier } *ce projet de construction*
entraver } *d'une centrale nucléaire.*
contrecarrer

> FAIRE FACE À
>
> FAIRE FRONT À
> (réagir à une attaque...)
>
> ÊTRE/SE TROUVER
> CONFRONTÉ À
>
> SE HEURTER À
>
> AFFRONTER
>
> BRAVER (L.S.)
> (aller au-devant d'un risque)

Le Vatican a dû faire face à un courant d'opinions favorable à la conception in vitro.

Si l'enquête policière n'avance pas, c'est
qu'elle { *est toujours confrontée* } *aux querelles d'experts*
{ *se heurte toujours* }
en graphologie.

Chaque année, au festival de Cannes, des dizaines de films sélectionnés doivent affronter un jury impitoyable.

Avant de s'imposer en France, Wagner a dû braver tout un public habitué à la musique italienne.

S'opposer par l'action violente (physique ou psychologique)

SE DRESSER (contre)

SE REBELLER (contre)

S'INSURGER (contre)

En août 1968, le peuple tchèque
s'est dressé ⎫
s'est rebellé ⎬ contre l'occupant.
s'est insurgé ⎭

S'opposer par l'opinion, le raisonnement

RÉPONDRE (à qqn) (que)

OPPOSER (que)

RÉPLIQUER (que)

RIPOSTER (que)
(répondre brutalement)

RÉTORQUER (que)
(répondre par un argument
contraire)

OBJECTER (que)

Au Président du tribunal qui lui demandait s'il regrettait son geste, l'accusé a répondu
opposé ⎫
répliqué ⎬ froidement qu'il le ferait encore
rétorqué ⎬ si besoin était.
riposté ⎭

Aux Parisiens qui se plaignent que l'eau de la Seine est polluée, les services des Eaux **objectent que,** si tel était le cas, il n'y aurait pas autant de poissons à la hauteur de la place de la Concorde...

CONTREDIRE
(aller contre une affirmation)

CONTESTER
(refuser de reconnaître
une autorité, un droit,
une opinion...)

RÉFUTER (comme + adj.)
(rejeter un raisonnement
en montrant qu'il est faux)

« Comme il est toujours sûr d'avoir raison, à quoi bon discuter? Il ne supporte pas qu'on le **contredise!** »

Le ministre a violemment **contesté** les accusations dont il était l'objet dans la presse et menace même d'intenter un procès.

« Les camps de la mort, invention pure! » Cette thèse a été unanimement **réfutée** et jugée injurieuse par les anciens déportés.

BRAQUER qqn contre qqn d'autre

« Le nouveau patron? ne m'en parlez pas! À force de se montrer cassant et coléreux avec le personnel, il a réussi à **braquer** tout le monde **contre** lui! »

S'opposer par le comportement

RECHIGNER à + inf.
RENÂCLER à + nom
(= témoigner de la mauvaise
volonté à entreprendre)

« Dès qu'il s'agit de lui demander le plus petit service, il **rechigne.** Il est d'un égoïsme! »

Face à l'ampleur du projet, ils n'ont pas **renâclé à** la besogne.

S'opposer par le contraste des styles, des tons

S'OPPOSER (à)
CONTRASTER (avec)
TRANCHER (avec, sur)
JURER (avec) (péjoratif)

*Difficile d'imaginer deux acteurs dont le physique **s'opposait** davantage que celui de Laurel et Hardy.*

*Le visage impassible de l'acteur Buster Keaton **contrastait** comiquement **avec** les situations mouvementées où il se débattait.*

*Évidemment, il y aura toujours de vieux Parisiens pour dire que le Centre Pompidou **jure avec** les façades anciennes qui l'entourent.*

La concession

ADMETTRE (que)
RECONNAÎTRE (que)
CONVENIR (que)
CONCÉDER (à qqn que)
ACCORDER (à qqn que)

« Vous voyez bien que je ne suis pas si chauvin que ça puisque $\left\{\begin{array}{l} \text{j'admets} \\ \text{je reconnais} \end{array}\right\}$ que la France n'a pas eu de musiciens comparables aux compositeurs allemands. »

*« Je vous $\left\{\begin{array}{l} \text{concède} \\ \text{accorde} \end{array}\right\}$ que le pouvoir d'achat n'a pas diminué mais **convenez** aussi qu'il n'a pas augmenté. »*

III - ADJECTIFS

L'opposition

1) VALEUR GÉNÉRALE

OPPOSÉ
CONTRAIRE
INVERSE
ADVERSE

Si une majorité de Français pensaient que la décolonisation était inévitable, l'armée, pour sa part, était d'un avis
opposé.
contraire.

*Il venait de doubler une voiture en haut d'une côte quand un poids-lourd est arrivé en sens **inverse** : la collision était inévitable.*

*Ce terroriste repenti est passé dans le camp **adverse** et a contribué ainsi à l'arrestation de plusieurs de ses anciens complices.*

ANTAGONISTE
HOSTILE
REBELLE (qui résiste)

À en croire les astrologues, le signe du Taureau et celui du Scorpion sont foncièrement **antagonistes,** tant leurs différences de caractère sont grandes.

Le philosophe Pascal a souffert toute sa vie de migraines **rebelles.**

2) VALEURS PARTICULIÈRES

Opposé par le sens

CONTRADICTOIRE
PARADOXAL
ANTINOMIQUE
ANTITHÉTIQUE

Tantôt follement généreux, tantôt d'une avarice sordide, tout, dans son comportement, était **contradictoire.**

La psychanalyse nous a appris que l'amour et la haine ne sont pas toujours deux pulsions **antinomiques** mais plutôt réversibles.

INCOMPATIBLE
INCONCILIABLE

L'idéologie marxiste et la morale chrétienne sont le plus souvent considérées comme ⎱ **incompatibles.**
 ⎰ **inconciliables.**

IV - EXPRESSIONS

L'opposition

À REBROUSSE-POIL

= dans le sens inverse des poils (sens propre et sens figuré)

Ne vous amusez pas à caresser un chat **à rebrousse-poil :** il vous grifferait.

Ce que le public français aime chez les chansonniers, c'est cette insolence, cette provocation, en un mot, cette façon de le prendre **à rebrousse-poil.**

À CONTRE-COURANT

= dans le sens inverse d'un courant, d'une mode (sens propre et figuré)

Si bien des statues de Rodin ont fait scandale, c'est que leur audace allait **à contre-courant** de l'académisme officiel.

<table>
<tr>
<td>

S'INSCRIRE EN FAUX
(contre quelqu'un, une opinion)

</td>
<td>

= refuser d'admettre une opinion

Vous prétendez que c'est l'argent qui l'a poussé au mariage. Je m'inscris en faux contre de telles accusations. Il l'a épousée par amour.

</td>
</tr>
<tr>
<td>

PRENDRE LE CONTRE-PIED
(d'une idée, un comportement)

</td>
<td>

= prendre une position diamètralement opposée

C'est bien souvent en prenant le contre-pied des théories officielles que les plus grands savants ont fait progresser la science.

</td>
</tr>
<tr>
<td>

TIRER À BOULETS ROUGES
(contre quelqu'un, quelque chose)

</td>
<td>

= critiquer violemment

La presse a tiré à boulets rouges contre cette nouvelle mise en scène, jugée provocante, du « Sacre du Printemps ».

</td>
</tr>
<tr>
<td>

**METTRE DES BÂTONS
DANS LES ROUES**
(de quelqu'un)

</td>
<td>

= créer des obstacles à quelqu'un

Difficile pour une femme en France de créer sa propre entreprise, tellement l'administration lui met des bâtons dans les roues.

</td>
</tr>
</table>

La concession

<table>
<tr>
<td>

AGIR À CONTRECŒUR

AGIR À SON CORPS DÉFENDANT

</td>
<td>

= agir malgré le manque d'envie, malgré soi

Il n'y a pas si longtemps, dans les campagnes, les filles étaient mariées à leur corps défendant.

</td>
</tr>
<tr>
<td>

**LÂCHER (JETER) DU LEST
METTRE DE L'EAU
DANS SON VIN (L.F.)**

</td>
<td>

= faire des concessions pour éviter qu'une situation ne s'aggrave

Face à la fronde étudiante, soutenue par tout un courant d'opinions, le gouvernement s'est vu contraint de lâcher du lest en abolissant la nouvelle loi sur l'enseignement supérieur.

« Lui qui avait un caractère si entier, avec l'âge, il a vraiment mis de l'eau dans son vin. »

</td>
</tr>
</table>

SYNTHÈSE DES ARTICULATIONS DU RAISONNEMENT

Voici 5 textes :

Qu'il s'agisse de l'analyse des méandres de l'inconscient chez PROUST,
d'un essai de critique littéraire à propos de CAMUS,
qu'il s'agisse de l'étude structuraliste de la prison chez FOUCAULT,
du plaidoyer chaleureux de de BROGLIE ou de l'hymne à la langue française de DUTEIL,
un même dénominateur réunit ces auteurs : la volonté, la passion de convaincre. Pour y parvenir, la pensée se plie à la nécessité d'un raisonnement. Ce raisonnement s'organise, s'articule selon un certain nombre de structures grammaticales et lexicales bien précises qu'il vous appartient de découvrir.

I - UNE COMPAGNE À APPRIVOISER...

Cette idée de la mort s'installa définitivement en moi comme fait un amour. Non que j'aimasse la mort, je la détestais. Mais après y avoir songé sans doute de temps en temps comme à une femme qu'on n'aime pas encore, maintenant sa pensée adhérait à la plus profonde couche de mon cerveau si complètement que je ne pouvais m'occuper d'une chose sans que cette chose traversât d'abord l'idée de la mort, et même si je ne m'occupais de rien et restais dans un repos complet, l'idée de la mort me tenait une compagnie aussi incessante que l'idée du moi. Je ne pense pas que, le jour où j'étais devenu un demi-mort, c'était des accidents qui avaient caractérisé cela, l'impossibilité de descendre un escalier, de me rappeler un nom, de me lever, qui avaient causé, par un raisonnement même inconscient, l'idée de la mort, que j'étais déjà à peu près mort, mais plutôt que c'était venu ensemble, qu'inévitablement ce grand miroir de l'esprit reflétait une réalité nouvelle. Pourtant je ne voyais pas comment des maux que j'avais on pouvait passer, sans être averti, à la mort complète. Mais alors je pensais aux autres, à tous ceux qui chaque jour meurent sans que l'hiatus entre leur maladie et leur mort nous semble extraordinaire. Je pensais même que c'était seulement parce que je les voyais de l'intérieur (plus encore que par les tromperies de l'espérance) que certains malaises ne me semblaient pas mortels pris un à un, bien que je crusse à ma mort, de même que ceux qui sont le plus persuadés que leur terme est venu sont néanmoins persuadés aisément que s'ils ne peuvent pas prononcer certains mots, cela n'a rien à voir avec une attaque, l'aphasie, etc., mais vient d'une fatigue de la langue, d'un état nerveux analogue au bégaiement, de l'épuisement qui a suivi une indigestion.

Marcel PROUST, *Le Temps retrouvé*, 1927,
dans *À la recherche du temps perdu*, Gallimard.

II - CAMUS, PHILOSOPHE MÉDITERRANÉEN

A nous cantonner au Camus romancier et philosophe, quelque talentueux qu'il fût, nous aurions de lui une image incomplète.

Camus, le Méditerranéen, l'homme de la mer et du soleil, compte tout autant. Dès sa jeunesse, il oscillait entre les idées pures, si tant est qu'il y ait des idées pures, et un lyrisme tragique inspiré par les paysages de son pays. Voilà pourquoi il s'est attaché à revaloriser, dans notre littérature, le soleil et la mer, générateurs de cette terre inondée de lumière. Sa prose, tout aussi sensuelle que lucide, nous fait si bien partager ses noces tumultueuses avec les éléments que, d'abord, il enflamme notre imagination mais qu'ensuite, il nous amène à l'ivresse de la méditation.

Avec ses descriptions, aux rythmes éclatants, consacrées aux paysages contrastés d'Algérie, Camus est parvenu à s'imposer comme un de nos rares écrivains lyriques. Seulement, s'il avait le génie pour décrire les lieux où il épuisait les forces frémissantes de sa jeunesse, il n'avait de cesse aussi de s'élever jusqu'à la réflexion et d'accéder aux problèmes tant universels qu'intemporels.

Et s'il enfermait l'homme dans sa prison terrestre, s'il lui ôtait tout espoir en l'au-delà, il n'en restait pas moins qu'il ne se refusait jamais aux jouissances, intenses mais brèves, concédées par cette terre méditerranéenne. Sensualité et réflexion, tels deux amants s'entre-déchirant bien qu'indissociables, restent ancrées en lui à jamais.

M. Ruquel *(extrait d'une étude universitaire, inédit).*

III - LA DÉTENTION CARCÉRALE

Pour Michel Foucault *(1926-1984),* la détention carcérale *représente le châtiment par excellence voulu par la société moderne qui classe, distribue les individus en catégories distinctes et selon un espace soigneusement quadrillé et surveillé, qu'il s'agisse de la caserne, du collège ou de l'atelier. Ainsi la prison apparaît-elle comme l'archétype de toutes les techniques de surveillance des individus soumis à une même volonté disciplinaire.*

Cette « évidence » de la prison dont nous nous détachons si mal se fonde d'abord sur la forme simple de la « privation de liberté ». Comment la prison ne serait-elle pas la peine par excellence dans une société où la liberté est un bien qui appartient à tous de la même façon et auquel chacun est attaché par un sentiment « universel et constant » ? Sa perte a donc le même prix pour tous ; mieux que l'amende elle est le châtiment « égalitaire ». Clarté en quelque sorte juridique de la prison. De plus elle permet de quantifier exactement la peine selon la variable du temps. Il y a une forme-salaire de la prison qui constitue, dans les société industrielles, son « évidence » économique. Et lui permet d'apparaître comme une réparation. En prélevant le temps du condamné, la prison semble traduire concrètement l'idée que l'infraction a lésé, au-delà de la victime, la société tout entière. Évidence économico-morale d'une pénalité qui monnaie les châtiments en jours, en mois, en années et qui établit des équivalences quantitatives délits-durée. De là l'expression si fréquente, si conforme au fonctionnement des punitions, bien que contraire à la théorie stricte du droit pénal, qu'on est en prison pour « payer sa dette ». La prison est « naturelle » comme est « naturel » dans notre société l'usage du temps pour mesurer les échanges.

Mais l'évidence de la prison se fonde aussi sur son rôle, supposé ou exigé, d'appareil à transformer les individus. Comment la prison ne serait-elle pas immédiatement acceptée puisqu'elle ne fait, en enfermant, en redressant, en rendant docile, que reproduire, quitte à les accentuer un peu, tous les mécanismes qu'on trouve dans le corps social ? La prison : une caserne un peu stricte, une école sans indulgence, un sombre atelier, mais, à la limite, rien de qualitativement différent. Ce double fondement − juridico-économique d'une part, technico-disciplinaire de l'autre − a fait apparaître la prison comme la forme la plus immédiate et la plus civilisée de toutes les peines. Et c'est ce double fonctionnement qui lui a donné tout de suite sa solidité. Une chose en effet est claire : la prison n'a pas été d'abord une privation de liberté à laquelle on aurait donné par la suite une fonction technique de correction ; elle a été dès le départ une « détention légale » chargée d'un supplément correctif, ou encore une entreprise de modification des individus que la privation de liberté permet de faire fonctionner dans le système légal. En somme l'emprisonnement pénal, dès le début du XIXe siècle, a couvert à la fois la privation de liberté et la transformation technique des individus.

(*Surveiller et punir. Naissance de la prison*,
Paris, Gallimard, 1975, p. 234-235.)

IV - PLAIDOYER POUR LE FRANÇAIS
Éloge de l'académie française

Un des reproches faits à l'Académie française serait un manque de stratégie de communication...

« Le miracle est bien au contraire que, sans budget de publicité et sans moyen de pression, cette assemblée possède autant de notoriété et autant de couverture de presse. Ce ne sont pas les roulements de tambour, ni l'uniforme, ni même le palais du quai Conti, pour magnifique et symbolique qu'il soit, qui expliquent ce succès médiatique. Il faut chercher la raison dans ce trait original : voilà une Académie qui n'est pas une réunion de gens de lettres ni de spécialistes. Les branches du savoir s'y mêlent dans une proportion subtile et mystérieuse qui fait de la compagnie, selon Maurice Druon, « un peuple d'uniques » et, selon le duc de Castries, « un club d'illustrations ». C'est précisément ce trait qui donne sa force à l'autorité de l'Académie sur la langue. Grâce à elle, le français n'est pas conservé par des gardiens ou des grammairiens, il n'est pas cultivé par des experts comme un ensemble plus ou moins complexe de règles. Il est honoré par des dignitaires qui intègrent la tradition et l'histoire de notre pays et toutes les nouveautés de la science, de la pensée et de la société. L'attention, la tolérance, la curiosité, l'ouverture d'esprit et l'imagination sont aussi nécessaires que la rigueur et l'érudition pour conduire le français à travers notre époque et le maintenir comme ciment de l'unité et comme instrument de la culture de tous les peuples francophones.

La place du français dans le monde

Partout dans le monde, le classement du français parmi les langues étrangères est d'une extrême importance. En Grande-Bretagne, il occupe la première place avec 78 % des élèves du secondaire. Par comparaison, l'anglais est enseigné à 82 % des élèves en France, à 83 % en Allemagne. En Italie, le français occupait la première place il y a vingt ans, détrôné par l'anglais il y a dix ans. En Russie, il devient la deuxième langue étrangère, devant l'allemand. Il pourrait devenir obligatoire au Vietnam. Il est la première en Roumanie, la seconde en Irak et au Japon, la première au Nigeria.

Dès lors que la langue n'est pas obligatoire, le choix des élèves, de leurs parents et des étudiants devient déterminant. Sur ce terrain, les choses sont assez claires. Presque partout dans le monde, l'anglais a l'avantage de l'utilité, on pourrait dire de la rentabilité. Le français n'a pour lui que sa gratuité et son prestige culturel. Plus formateur, plus difficile aussi, il est infiniment moins répandu. Au-delà de l'intérêt direct des enseignés et de leurs débouchés professionnels, il y a l'image d'une langue, de la culture qu'elle exprime, des rêves et des fantasmes qu'elle inspire. L'anglais exerce un attrait quasi universel, tandis que la séduction du français fut longtemps réservée à l'élite. Encore faut-il, là aussi, tenir compte des circonstances. Les Pays-Bas, tournés vers l'Angleterre, furent peu touchés par la culture française, jusqu'au jour où le tourisme en France révéla aux Néerlandais un agrément de vie et une richesse de civilisation qui les portèrent davantage vers notre langue. En Catalogne, c'est depuis toujours que le français est en usage, en raison de la sympathie que l'identité catalane a trouvée dans notre pays. Des liens historiques avec la Pologne, des liens culturels avec la Roumanie ont joué un temps dans le même sens avant de se distendre. À l'inverse, les vicissitudes de la décolonisation n'ont pas affaibli les liens linguistiques. Bien d'autres éléments peuvent jouer qui affectent l'enseignement des langues. La situation de chacune fluctue comme les cours d'un marché qui confronterait une offre et une demande. La cote du français dans les écoles du monde s'établit d'après ses mérites comparés à ceux des autres langues. La décision d'enseigner ou d'apprendre le français loin de borner un univers, fût-ce celui de la civilisation française, ouvre sur d'autres cultures et les aide à s'exprimer, à se situer. Cette décision n'est jamais dirigée contre quiconque. Les seuls adversaires à vaincre seraient l'indifférence, la lassitude et la résignation à l'uniformité.

Une passion pour le français

L'engagement pour le français atteint toujours une dimension internationale. Je souhaite que cette dimension soit davantage prise en considération, non point tellement par les gouvernants et les experts mais par l'ensemble des responsables de notre pays et par l'opinion. Il suffit de franchir chaque année comme je le fais la Manche, l'Atlantique et la Méditerranée pour se convaincre que la langue, comme l'économie ou la science, ne peut échapper à l'environnement international et que le français n'a rien à en redouter, bien au contraire. Non seulement la conscience du français est souvent plus haute à l'étranger qu'en France, mais toute attitude autarcique en matière de langue traduirait une culture introvertie, une fragilité et en fin de compte une menace de dépérissement. Il est facile de proclamer le principe, il l'est moins de ne jamais dissocier le point de vue national du regard international, que celui-ci soit le nôtre ou celui des autres, de ne jamais détacher la cause du français de celle de la francophonie, de ne jamais envisager le français séparément des autres grandes langues. C'est un exercice auquel les Français sont peu préparés. Il n'est cependant pas d'autre éclairage que l'ensemble des relations entre les langues, pas d'autre ligne que l'ouverture. De même que la langue française ne se protège pas par la coercition mais par l'incitation, elle ne peut se renforcer dans l'isolement ni par le repli, mais dans la diversité, l'échange et l'enthousiasme. Oui, vraiment, l'enthousiasme! Il y a de la ferveur et presque de la religion dans ce que je ressens pour elle. Si je formule encore un souhait, c'est qu'aussi fortement que je l'éprouve, la passion pour le français inspire une politique digne de lui, digne d'elle.

Gabriel de Broglie, *Le français, pour qu'il vive.*
Paris, Gallimard 1986, pp. 158-244-245-272.

Et puisqu'en France tout se termine par des chansons...

V - LA LANGUE DE CHEZ NOUS

de *Yves Duteil*

C'est une langue belle avec des mots superbes
Qui porte son histoire à travers ses accents
Où l'on sent la musique et le parfum des herbes
Le fromage de chèvre et le pain de froment.

Et du Mont-Saint-Michel jusqu'à la Contrescarpe
En écoutant parler les gens de ce pays
On dirait que le vent s'est pris dans une harpe
Et qu'il en a gardé toutes les harmonies.

Dans cette langue belle aux couleurs de Provence
Où la saveur des choses est déjà dans les mots
C'est d'abord en parlant que la fête commence
Et l'on boit des paroles aussi bien que de l'eau.

Les voix ressemblent au cours des fleuves et des rivières
Elles répondent aux méandres, au vent dans les roseaux
Parfois même aux torrents qui charrient des tonnerres
En polissant les pierres sur le bord des ruisseaux.

C'est une langue belle à l'autre bout du monde
Une bulle de France au nord d'un continent
Sertie dans un étau et pourtant si féconde
Enfermée dans les glaces au sommet d'un volcan.

Elle a jeté des ponts par-dessus l'Atlantique
Elle a quitté son île pour un autre terroir
Et comme une hirondelle au printemps des musiques
Elle revient nous chanter ses peines et ses espoirs.

Nous dire que là-bas dans ce pays de neige
Elle a fait face aux vents qui soufflent de partout
Pour imposer ses mots jusque dans les collèges
Et qu'on y parle encore la langue de chez nous.

C'est une langue belle à qui sait la défendre
Elle offre des trésors de richesses infinies
Les mots qui nous manquaient pour pouvoir nous comprendre
Et la force qu'il faut pour vivre en harmonie.

Et de l'île d'Orléans jusqu'à la Contrescarpe ⎫
En écoutant chanter les gens de ce pays   ⎪
On dirait que le vent s'est pris dans une harpe ⎬ *bis*
Et qu'il a composé toute une symphonie.   ⎭

INDEX

Dans l'index, le renvoi au chapitre est fait par le chiffre romain (cause : I, Conséquence : II, But : III, Condition-Hypothèse : IV, Comparaison : V, Opposition-Concession : VI) et le numéro de la page est indiqué à la suite.

INDEX

A

À (causal) I-13, 16
À (conditionnel
  et hypothétique) IV-74
À cause de I-11
À condition de IV-74
À condition que IV-69
À côté de V-98 ; VI-122
À défaut de (causal) I-16
À défaut de (conditionnel
  et hypothétique)IV-74, 75
À la (seule) condition
  que IV-69
À une (seule) condition
  que IV-69
À dessein de III-51
Affaire de III-51
Afin de III-48
Afin de ne pas III-49
Afin que III-48
Afin que... ne... pas III-49
À force de I-15, 16
Ainsi II-34
Ainsi que V-92, 93
À la lumière de I-12
À la place VI-121
À la place de VI-122
À la suite de I-12
À l'égal de V-98
À l'encontre de VI-121
À l'exemple de V-98
À l'image de V-98
À l'instar de V-98
À l'inverse de VI-122
À l'opposé VI-120
À l'opposé de VI-122
Alors II-34
Alors même que VI-123
Alors que VI-123
À mesure que V-95
À moins de IV-74
À moins d'un/une IV-75
À moins que... (ne)... IV-73
À présent que I-9
À/au rebours de VI-121
À seule fin de/que III-52

Assez de... pour II-32
À supposer (même)
  que IV-71
À telle(s) enseigne(s)
  que II-30
Attendu I-12
Attendu que I-7
Au cas où IV-71
Au contraire VI-120, 125
Au contraire de VI-121
Au demeurant VI-133
Au détriment de VI-122
Au fur et à mesure
  que V-95
Au lieu de VI-122
Au lieu que VI-124
Au même titre que V-92
Au mépris de VI-128
Au point que II-30
Auprès de V-98 ; VI-122
Au risque deIV-74 ; VI-129
Aussi (consécutif) II-34
Aussi
  (concessif)VI-131, 133
Aussi... que
  (comparatif) V-91
Autant V-92
Autant...
  autant V-93 ; VI-124
Autant... que V-92
Autant de... que V-92
Autre que V-95
Autrement IV-73
Autrement que V-95
Avec (causal) I-11
Avec (conditionnel
  et hypothétique) IV-75
Avec (concessif) VI-129
Avec l'arrière-pensée
  de/que III-52
Avec l'idée de/que III-52
Avec l'intention de III-51
Avoir beau VI-134

B

Bien que VI-130, 133
Bilan II-35

C

Car I-8
C'est... à II-36
C'est pour ça/cela
  que II-34
C'est pourquoi II-34
Ce n'est pas pour
  ça/cela que II-34
Ce n'est pas parce que...
  mais (parce que)... I-8
Ce n'est pas parce que...
  que I-7
Ce n'est pas que... c'est
  que I-8
Cependant VI-126, 133
Cependant que VI-123
Comme (causal) I-6
Comme
  (comparatif) V-90, 91,
    93,97, 98, 99
Comme pour V-91
Comme quand/lorsque
  V-91
Comme quoi II-35
Comme si
  (hypothétique) IV-68
Comme si
  (comparatif) V-90
Conformément à V-99
Conséquence II-35
Considérant que I-7
Contrairement à VI-121
Contre VI-121

D

Dans la mesure oùIV-70
Dans la perspective
  de III-51
Dans le but de III-51

Dans le cas où   IV-71
Dans le seul but
    de/que   III-52
Dans le souci de   III-52
Dans/avec l'espoir
    de/que   III-52
Dans l'hypothèse où   IV-71
Dans/avec l'intention
    de   III-51
Dans un souci de   III-52
D'après   V-99
D'autant mieux que
    (causal)   I-9
D'autant mieux... que
    (comparatif)   V-96
D'autant moins que
    (causal)   I-9
D'autant moins... que
    (comparatif)   V-96
D'autant plus que
    (causal)   I-9
D'autant plus... que
    (comparatif)   V-96
D'autant que (causal)   I-9
Davantage   V-94
Davantage... que   V-94
De (causal)   I-14, 16
De (comparatif)   V-97
De ce fait   II-34
De cette manière   II-34
De crainte de   III-49
De crainte que... ne   III-49
De façon à   III-48
De façon à ce que   III-49
De là   II-35
De manière à   III-48
De manière à ce que   III-49
De même (que)   V-92, 93
De mon côté   VI-125
De peur de   III-49
De peur que... ne...   III-49
Depuis lors   II-34
Des fois que   IV-71
Dès l'instant où   I-9
Dès lors   II-34
Dès lors que   I-9
De (telle) façon
    que   II-28; III-48, 49
De (telle) manière
    que   II-28; III-48, 49
De (telle) sorte
    que   II-28; III-48, 49
De toute façon   VI-134
Donc   II-33

D'où   II-35
Du coup   II-34
Du fait de   I-12
Du fait que   I-7
Du moment que   I-9

E

En   V-97
En admettant (même)
    que   IV-71
En cas de   IV-75
En ce qui (me)
    concerne   VI-125
En comparaison de   V-98
En conséquence   II-33
Encore que   VI-130
En dépit de   VI-128
En effet   I-8
En fonction de   V-99
En guise de   V-98
En l'absence de   IV-75
En perspective de   III-52
En raison de   I-15
En revanche   VI-121, 125
En sorte que   II-28
En supposant (même)
    que   IV-71
En tout cas   VI-134
En vue de   III-51, 52
Et (consécutif)   II-33
Et (concessif)   VI-123, 128
Et si   IV-68
Étant donné   I-12
Étant donné que   I-7
Eu égard à   I-12

F

Face à/en face de   VI-122
Faute de (causal)   I-15, 16
Faute de (conditionnel et
    hypothétique)IV-74, 75
Faute de quoi   IV-73

G

Grâce à   I-11

H

Histoire de   III-51

I

Il faut... que/de... pour
    (que)   II-31; III-50
Il n'en demeure pas
    moins... que   VI-133
Il n'en est pas moins...
    que   VI-133
Il n'en reste pas moins...
    que   VI-133
Il s'en faut de... que II-31
Il suffit de/que... pour
    (que)   II-31; III-50
Inversement   VI-120

J

Jusqu'à   II-36

L

Là où   VI-124
(Bien) loin de   VI-122
Loin de là   VI-122
Lorsque   VI-123

M

Maintenant que   I-9
Mais   VI-127
Malgré   VI-128
Malgré tout   VI-127, 133
Malheureusement   VI-127
Meilleur (que)   V-94
Même   VI-134
Même
    si IV-68; VI-130, 131,
    133
Même si... même si   VI-131
Mieux (que)   V-94
Moins (de)... que
    (de)...   V-95
Moins... et moins...   V-96
Moins... et plus...   V-96
Morale de l'histoire   II-35
Moralité   II-35
Moyennant   IV-75

N

Néanmoins VI-126, 133
Ne fût-ce que VI-136
(Il) n'empêche que VI-133
Ne serait-ce que VI-136
N'était IV-79
N'eût-été IV-79
Nonobstant VI-126, 129
Non parce que... mais
   (parce que) I-8
Non que... mais parce
   que I-8

O

Or VI-127
Où que VI-132

P

Par I-13, 15
Par ailleurs VI-133
Parce que I-6, 10
Par conséquent II-33
Par contre VI-121
Par manque de I-16
Par rapport à V-98
Par suite de I-12
Partant II-33
Pendant que VI-123
Pire... (que) V-94
Pis que V-94
Plus (de)... que (de)... V-94
Plus... et moins... V-96
Plus...et plus... V-96
Plutôt V-95
Plutôt... que V-95
Plutôt que (de) V-95
Pour (causal) I-13, 14, 16
Pour... (ne)... (pas)
   (de but) III-48, 49
Pour (comparatif) V-98
Pour (concessif) VI-129
Pour autant que IV-70
Pour cause de I-14
Pour le cas où IV-71

Pour ce qui (me)
   concerne VI-125
Pour ce qui est de VI-125
Pour la (simple) et
   bonne raison que I-10
Pour ma part VI-125
Pour peu que IV-69
Pour que II-31 ; III-48
Pour que... ne... pas III-49
Pour... que VI-131, 133
Pour raison de I-15
Pourtant VI-126, 133
Pourvu que IV-69
Pouvoir (concessif) VI-134
Puisque I-6, 10

Q

Quand VI-123, 131
Quand bien même VI-131
Quand
   même VI-127, 131, 133
Quant à VI-124, 125
Que... ou que/ou non/
   ou pas IV-72 ; VI-131
Quelque... que VI-131, 133
Quel que soit VI-132
 – qu'ait été VI-132
 – qu'ait pu être VI-132
Quel qu'il soit VI-132
Question de III-51
Qui que VI-132
Qui que ce soit VI-132
Quitte à IV-74 ; VI-129
Quoi que VI-132
Quoi que ce soit VI-132
Quoique VI-130, 133
Quoi qu'il arrive/
   advienne VI-132
Quoi qu'il en soit VI-134

R

Résultat II-35
Rien de plus... que...
   de... V-94
Rien ne... tant que... V-92

S

Sans (conditionnel et
   hypothétique) IV-75
Sans
   (concessif) VI-128, 129
Sans cela/quoi IV-73
Sans que VI-130
Sauf IV-75
Sauf si IV-68
Selon V-99
Selon que... ou que/ou
   non/ou pas IV-72
Seulement VI-127
Si (conditionnel et
   hypothétique) IV-64, 65,
      66, 67, 68
Si (exclamatif) V-91
Si (oppositionnel) VI-125
Si bien que II-28
Si... c'est (parce) quel-10
Si... c'est pour (que)/
   afin de/afin que III-48
Si... ce n'est pas parce
   que mais (parce que) I-10
Si... ce n'est pas que...
   c'est que I-10
Si... et que... IV-68
Si... et si... IV-68
Si ce n'est IV-68 ; VI-136
(Si ce) n'était IV-68 ;
   VI-136
Si jamais IV-68
Sinon IV-68
Si par bonheur IV-68
Si par chance IV-68
Si par hasard IV-68
Si par malheur IV-68
Si... que
   (consécutif) II-29, 32
Si... que
   (concessif) VI-131, 133
Si seulement IV-68
Si tant est que IV-70
Si... tout de même/
   quand même VI-133
Soit (parce) que...
   soit que I-7
Soit que..., soit que/ou
   que IV-72
Sous (causal) I-12, 13
Sous couleur de I-16
Sous couvert de I-16

Sous la condition que IV-69
Sous prétexte de   I-16
Sous prétexte que   I-7
Sous réserve de   IV-75
Suffisamment de...
    pour   II-32
Suivant   V-99
Suivant que... ou que/ou
    non/ou pas   IV-72
Supposé (même) que IV-71
(Une) supposition que IV-71
Surtout que   I-9

T

Tandis que   VI-123
Tant   I-9
Tant de   V-92
Tant et si bien que   II-30
Tant et tant que   II-30
Tant... que
    (consécutif)   II-29, 32
Tant que
    (consécutif)   II-29
Tant que
    (comparatif)   V-92, 96
Tel... que
    (consécutif)   II-28, 32
Tel... que
    (comparatif)   V-93
Tel que   V-93
Tel quel   V-93
Tel... tel   V-93
Tel ce... qui   V-101
Tel celui qui   V-101
Tel(le) un(e)   V-93, 100
Tellement   I-9
Tellement que   II-29
Tellement... que   II-29, 32
Total   II-35
Toujours est-il que   VI-134
Tout de même VI-127, 133
Toutefois   VI-126, 133
Tout... que VI-131, 132, 133
Trop de... pour   II-32

V

Voilà pourquoi   II-34
Vu   I-12
Vu que   I-7

TABLE DES MATIÈRES

INTRODUCTION

CAUSE

SOMMAIRE 4

   I – Conjonctions 6
   II – Prépositions 11
   III – Autres moyens 17
   IV – Pour poser des questions 18

   I – Noms 20
   II – Verbes, participes, adjectifs 23
   III – Expressions et proverbes 25

CONSÉQUENCE

SOMMAIRE 26

   I – Conjonctions 28
   II – Autres moyens 33

   I – Noms 37
   II – Adjectifs 40
   III – Verbes 41
   IV – Expressions et proverbes 44

BUT

SOMMAIRE 46

   I – Conjonctions 48
   II – Prépositions 51
   III – Autres moyens 53

   I – Noms 54
   II – Adjectifs 56
   III – Verbes 57
   IV – Expressions et proverbes 60

CONDITION – HYPOTHÈSE

SOMMAIRE 62

   I – Définitions 64
   II – Étude de « si » 66
   III – Conjonctions 69

IV – Prépositions 74
V – Autres moyens 76

I – Noms 80
II – Verbes 81
III – Adjectifs 84
IV – Expressions 87

COMPARAISON

SOMMAIRE 88

I – Conjonctions 90
II – Prépositions 97
III – Autres moyens 99

I – Noms 102
II – Adjectifs 106
III – Verbes 109
IV – Expressions 116

OPPOSITION – CONCESSION

SOMMAIRE 118

OPPOSITION

I – Adverbes 120
II – Prépositions 121
III – Conjonctions 123
IV – Autres moyens 124

CONCESSION

I – Adverbes 126
II – Coordonnants 127
III – Prépositions 128
IV – Conjonctions 130
V – Autres moyens 133

I – Noms 137
II – Verbes 141
III – Adjectifs 143
IV – Expressions 144

TEXTES DE SYNTHÈSE 147
INDEX 153

ACHEVÉ D'IMPRIMER SUR LES PRESSES DE L'IMPRIMERIE TARDY QUERCY S.A. - BOURGES
N° d'éditeur : CL 42856-I (D.o.VII) TC - *Imprimé en France* - Mars 1988 - N° d'imprimeur : 14396